不会带团队你就自己累

不会带团队，你拿什么赢别人？

郭一桢◎著

煤炭工业出版社

·北　京·

图书在版编目（CIP）数据

不会带团队 你就自己累 / 郭一桢著．--北京：煤炭工业出版社，2017

ISBN 978-7-5020-6256-9

Ⅰ.①不… Ⅱ.①郭… Ⅲ.①企业管理—组织管理学 Ⅳ.①F272.9

中国版本图书馆 CIP 数据核字(2017)第 284093 号

不会带团队 你就自己累

著　　者 郭一桢
责任编辑 刘少辉
封面设计 朝圣设计 · 阿正

出版发行 煤炭工业出版社（北京市朝阳区芍药居 35 号 100029）
电　　话 010-84657898（总编室）
010-64018321（发行部） 010-84657880（读者服务部）
电子信箱 cciph612@126.com
网　　址 www.cciph.com.cn
印　　刷 北京亚通印刷有限责任公司
经　　销 全国新华书店

开　　本 710mm×1000mm 1/16 **印张** 18 **字数** 270 千字
版　　次 2018 年 1 月第 1 版 2018 年 1 月第 1 次印刷
社内编号 9136 **定价** 48.00 元

前　言

齐国的大将田忌很喜欢赛马。有一回他和齐威王约定一次比赛。他们把各自的马分成上、中、下三等，比赛的时候，上等马对上等马，中等马对中等马，下等马对下等马。由于齐威王每个等级的马都比田忌的强，三场比赛下来，田忌都输了。田忌觉得很扫兴，垂头丧气地准备离开赛马场。

田忌的好朋友孙膑看到了，告诉田忌说：“你再同他赛一次，我能让你取胜。”田忌疑惑地看着孙膑：“你是说另换几匹马？”

孙膑摇摇头，说：“一匹也不用换。”

田忌半信半疑地同意了。比赛的那天，孙膑让田忌用下等马对齐威王的上等马，第一场输了。接着进行第二场比赛。孙膑让田忌拿上等马对齐威王的中等马，胜了第二场。第三场，田忌拿中等马对齐威王的下等马，又胜了一场。两胜一输，田忌赢了齐威王。

马还是原来的马，只是调换了一下出场顺序，就转败为胜。这说明什么？一件事的成败，决策都是关键。

同样的道理，企业管理的关键在于带人、带团队。俗话说一个篱笆三个桩，一个好汉三个帮，任何情况下，单靠自己一个人的力量是不够的，带领团队也是如此。高明的领导者，不会事无巨细地管，因为他们知道这样只会让自己疲惫不堪。高明的领导者懂得带领团队，懂得充分发挥团队中每个成员的聪明才智，让他们不断提高，不断进步，懂得激励成员的工作热情，培养成员的工作能力，使其一起打拼的同时发挥出各自的优势，还能独当一面……

然而，在企业中总有一些领导者，他们能力强，技术好，但带领的团队却不理想，成员提不起精神，团队看不到绩效。每个人都希望自己所带领的团队所向无敌，那么如何打造出一支永远充满活力的过硬团队呢？

《不会带团队 你就自己累》以中肯的态度告诉大家如何带领团队。本书分三部分，从激励、授权、育人、凝聚人心等十五个角度告诉大家如何带领团队，如何培养团队成员的激情、野心。

本书没有说教，只有中肯的建议，阅读本书你可以知道：

告诉员工自己期望得到什么结果，而不告诉他应该怎样去做；

知人善任，把不同类型的员工放在不同的岗位上，才不会一个人累到死；

把团队气场、状态培养好，才能“激”起大家的干劲儿；

分割目标，才能保持团队持续奋斗的欲望，实现终极目标；

在员工情绪低落时鼓励他，在情绪过高时泼点冷水；

带野心，带状态，带气场，带欲望；会激励，会沟通；懂培训，懂授权……掌握了本书里讲述的这些技巧，你带队的本领会更上一层楼。

目　录

上　篇

主将无能，累死三军

第一章　管好自己，才能带好团队

身先士卒，把自己先变成干将

有时候，我们抱怨自己的属下不努力，部门业绩差，员工偷懒工作不积极，自己一个人又做领导又当员工，一天下来忙得头昏脑胀不说，员工还不领情，老板也不买账。主将无能，累死三军，也累死自己！团队绩效差，领导者不能抱怨员工无能，而应该反省自己，先把自己变成干将，才能把员工变成干将。

每个人都希望自己所带领的团队是一个所向无敌的团队，那么如何打造出一支永远充满活力的过硬团队？

这就需要带头人要"身先士卒"！所谓"其身正，不令而行"，作为团队带头人，要时刻作出表率，身体力行，这样员工才能追随你，信服你，才会努力完成你交给的任务。

富有领袖气质的团队带领人往往懂得为他人树立榜样，他们乐于以衡量他人的同一标准来约束自己。

以色列陆军对带头作用抱着特别认真的态度，在作战时，指挥官都在最前面。以色列军队告诉他的军官说："假如你是军官，这就是你付出的代价，你必须走在最前面。"以色列人在战场上就真的这样做。每次和邻国作战时，他们都实践这项理论。尽管军官的伤亡因此占全世界陆军的第一位，他们仍然如此做，因为他们知道带头人必须走在所有部属的前面。以色列正因为如此而拥有了一支常胜军。

带头人之所以身先士卒，是因为这样表明了自己对事业的一种坚定信念。身先士卒为自己的尽职尽责提供了确凿的证据，它表明带头人愿意亲身实践。身先士卒，以身作则，并在重要事情上倾注大量的时间和精力，便会成为人们仿效的榜样。

下面这个例子就是富有领袖气质的团队带领人身先士卒，实实在在说到做到。

在第一次世界大战期间，麦克阿瑟将军下属的一位指挥官米诺赫尔将军说："我怕总有一天我们会失去他，因为在战况最危急的时候，士兵们会发现他就在他们身边。在每次前进的时候，他总是带着军帽，手拿着马鞭，和先头部队在一起。他是激励士气的最大资源，他这个师都忠于他。"这就难怪只有 38 岁，麦克阿瑟就升到准将。麦克阿瑟是富有领袖气质的带头人的楷模。

榜样能给人巨大的影响，富有领袖气质的团队带领者都明白这个道理。美国前副总统林伯特·汉弗莱说："我们不应该一个人前进，而要吸引别人跟我们一起前进。这个试验人人都必须做。"这就是说，以身作则是富有领袖气质的领导者的一股强大的力量。与你并肩前进的人总是比跟在你后面走的人更努力，也走得更远。

春秋时期，齐、晋两国陈兵于谷。战争开始时，齐军势强，齐侯扬言要等消灭了晋军以后再回来吃早饭。相比之下，处于劣势的晋国军队的将领们认识到一旦主将退却，战争的失败是必然的。于是众将不顾受伤严重，互相勉励，同仇敌忾。

晋军统帅郤克被箭所伤，鲜血直流到战靴，在这种情况下，他依然奋力擂战鼓不停。郤克被箭伤及肘部，鲜血染红了战车的车轮，他却忍受着极大的疼痛坚持着。另一名主将郑丘缓坚决地表示一旦自己有危险，大家也要推着战车往前冲。晋军的将领们就是这样以准备去牺牲的精神，在战斗中奋勇搏击，激励了全军的将士，使晋军最终取得了彻底胜利。晋军兴高采烈地围绕着华柱山奔跑了三圈以祝贺胜利。

诺贝尔和平奖获得者阿尔伯特·施韦泽说："在工作中榜样并不是什么主要的事情，但那却是唯一的事情。"富有领袖气质的团队带头人知道，伟大的梦想并非单靠个人就能独立实现，要靠大家群策群力地共同努力，而领导楷模则会赢得大家的全力支持与协助。

到员工中去，让大家感受到你的存在

在企业里，有这样一些团队带领人：他们靠在舒服的椅背上玩着微信，聊着闲天，却对员工指手画脚；还有些人，他们隔空喊话，高高在上地布置任务，从不认真思考这个任务该怎么和属下一起更好地完成，任务来了，布置下去就算交差。殊不知，这种带队方式会失去员工的信任和热情，甚至会损害到企业的利益。只有懂得走到员工中去，让员工感受到你的存在，这样他们才能更出色地完成任务。

其实，团队带领人的身份就像推销员，在推销的时候，我们不会盲目地去问“我们要什么”，而首先会考虑“对方需要什么，价值是什么，目标是什么，期望获得的成果是什么”。

想要获得这些问题的答案，带头人就一定要到员工中间去，而不是通过制度、命令或者其他呆板的条条框框去体现自己的职能。向员工“推销”管理，目的是使员工理解管理并乐于接受管理，而不是对员工施加压力或者约束员工的行为。

优秀的团队带领人必定是指挥家或者教练，试图让员工理解自己的管理，而不只是简单的“传话筒”。

L 先生是一家大型企业 G 公司的一个基层领导者，手下有 8 个员工。L 先生工作勤恳，为人谦和，对每一个下属都会给予一些关怀和照顾，所以跟大家的关系还算不错。他有一个最大的特点，就是他对他的直接领导是言听计从，领导安排什么，他马上向下属贯彻什么。

一旦下属提出异议，他马上便说：“领导说了，就照这样执行。你照吩咐做了，出了差错领导不会怪你，你如果不照这样做，出了问题你得自己担着。”下属一听觉得也有道理，于是便开始认真执行。

但渐渐地下属有了不明白的地方，也就不再问他，而是隔着他直接请示更高领导，因为大家知道跟他说了也没有用，他还得去请示领导。L 先生还遇到了一件烦心事：手下有个别人开始直接跟他“顶牛”，公然不再听从他的指挥，他早就想把一些“害群之马”开掉，但苦于没有办法，他发现自己现在连这点权力都行使不灵了。他的“无能”渐渐被传播开来，以至于其他原本“听话”的下属也开始不拿他当回事了。

这就是带领人只把自己当成“传话筒”的后果。一个懂得带领团队的人，是绝不会只做传声筒的，面临任务时，他们会思考这个任务怎么完成，怎么恰当地表达会被下属欣然接受，怎么分工才能高效……他们不会高高在上，他们会和员工在一起，即使自己不参与工作也会站在员工中间，让团队成员知道领导一直在关注着他们，这样大家才会卖命工作，努力完成上级交代的工作。

雷·克拉克是麦当劳快餐店的创始人，他有个习惯，就是不喜欢在办公室办公，他的大部分时间用在了“走动管理”上，到所有的分公司和部门多走走、看看、听听、问问，收集大家对公司的意见。

麦当劳公司曾有一段时间面临严重的亏损，克拉克用他的“走动管理”在各公司发现了一个很严重的问题——官僚作风盛行。公司的各部门经理都有一个很不好的习惯，喜欢靠在舒服的椅背上对员工指手画脚，把很多时间浪费在抽烟、喝咖啡和闲聊上。

克拉克对此十分生气，于是他下令：“把所有经理的椅背都锯掉，马上执行。”命令下得很快，执行得也很快，不出一个星期，每个经理的椅背都被锯掉了。

锯掉椅背后，经理们对克拉克的做法很不理解，甚至还很气恼。椅背锯掉了就不能像以前那样舒服地靠着它抽烟喝咖啡了，于是大家都走出办公室，学着老板的做法到各部门基层走走、看看、听听、问问。很快，他们就发现了管理当中出现的问题，领悟了克拉克锯掉椅背的用意。于是，他们及时调整管理方案，现场解决存在的问题，终于使公司扭亏为盈。

克拉克带领团队的方式，为我们带领团队提供了一种极佳的指导方法。走动管理体现了上级对下级或对客户的一种关怀。通过面对面的接触，我们常常可以更好地对下级进行指导，同下级直接交换意见，特别是能够听取下级的建议，了解实际工作中遇到的各种问题，从而能更有效、更及时地采取相应的措施。

气可鼓，不可泄

团队情绪会影响团队业绩，饱满激昂、积极正向的团队情绪，能够创造优秀的业绩，萎靡颓丧、消极低落的团队情绪，则连正常的工作业绩也很难保障。“望梅止渴”的故事大家可能都听说过，人是为希望而活，如果人没有希望或信仰的话，就很难有工作的热情与动力。作为团队带领者必须懂得调动大家的情绪，而其中关键的一点就是作为领导人，自己必须先保持积极的态度，让自己充满希望，这样才会更好的调动整个团队的情绪。

人最大的敌人并不是对手，而是我们自己。因此，我们只有将自己的精神历练得更加坚韧，对困难不再恐惧，才能更快地踏上成功之路。

1883 年，工程师约翰·罗布林雄心勃勃地意欲建造一座横跨曼哈顿和布鲁克林的大桥。然而大多数桥梁专家们认为这个计划纯属天方夜谭，劝他趁早放弃。罗布林的儿子华盛顿·罗布林——一个很有前途的工程师，也确信这座大桥可以建成。父子俩克服了种种困难，在构思着建桥方案的同时，也说服了银行家们投资该项目。

然而大桥开工仅几个月，施工现场就发生了灾难性的事故。父亲约翰·罗布林在事故中不幸身亡，华盛顿的大脑也严重受伤。许多人都以为这项工程会因此而中止，因为只有罗布林父子才知道如何把这座大桥建成。

尽管华盛顿·罗布林丧失了活动和说话的能力，但他的思维还同以往一样敏捷，他决心要把父子俩花费了很多心血的大桥建成。一天，他脑中忽然一闪，想出一种用他唯一能动的一根手指和别人交流的方式。他用那根手指敲击妻子的手臂，通过这种密码方式由妻子把他的设计意图转达给仍在建桥的工程师们。整整13年，华盛顿就这样用一根手指指挥着工程，直到雄伟壮观的布鲁克林大桥最终落成。

这是一个令人难以置信的奇迹。相比之下，企业有时遇到困难算什么呢？杰出的团队带领人总是积极向上，他们坚信：无论如何，方法总比困难多。

有一家公司，马上就要过新年了，公司董事长却在为员工的奖金发愁，万一发不了会影响到员工的士气。

年终奖因为按照往年的惯例是要加发两个月，可今年的盈余大幅滑落，这样的标准是达不到了。这时，总经理想出了一个办法，董事长一听眉头顿时舒展了。

没过两天，公司突然传来小道消息："由于营业不佳，年底要裁员。"

顿时人心惶惶。每个人都在猜，会不会是自己。最基层的员工想："一定由下面杀起。"上面的主管则想："我的薪水最高，只怕从我开刀！"

但是，跟着总经理就宣布："公司虽然艰苦，但大家同在一条船上，再怎么危险，也不愿牺牲共患难的同事，只是年终奖金，绝不可能发了。"听说不裁员，人人都放下心头上的一块大石头，那不致卷铺盖的窃喜，早压过了没有年终奖金的失落。

眼看除夕将至，人人都做了过个穷年的打算，彼此约好拜年不送礼，以共渡难关。突然，董事长召集各单位主管紧急会议。看主管们匆匆上楼，员工们面面相觑，心里都有点儿七上八下："难道又变了卦？"

没几分钟，主管们纷纷冲进自己的部门，兴奋地高喊着："有了！有了！还是有年终奖金，整整一个月，马上发下来，让大家过个好年！"

整个公司大楼，爆发出一片欢呼，连坐在顶楼的董事长，都感觉到了地板的震动……

寻找解决问题的方法虽然不很容易，但方法总是有的，只要我们运用自己的智慧努力地进行思考，难题终究会得到解决。作为团队的首领，担负着引领大家走向辉煌的重任，现实中如果遇到了难题，就应该坚持这样的原则带领所有员工：努力找方法，绝不轻易放弃。

控制好情绪，带领好团队

一个网络论坛里员工区有着这样的一个帖子："如果你有一个爱发脾气的领导，你会怎么办？"

回帖者络绎不绝：

A 说："楼主，你就炒他鱿鱼。"

B 说："远离他，让他成为空头司令！"

C 说："找一个最无理的时刻，让他看看你的脾气，一定有效！"

D 说："要么挨骂，要么跳槽！"

员工的回答似乎都在表达一个相似的观念，那就是这个爱发脾气的领导是不受人欢迎的。从这些回答我们可以看到，没有人愿意天天守着一座随时可能会爆发的“活火山”。一个企业，团队带领人爱发脾气，那么损失的就多了。员工会因为领导的爱发脾气做事畏头畏尾，不敢创新；也会因为领导的爱发脾气而心生成见，对工作敷衍了事。这样对于一个企业来说，无疑是致命的伤害。所以，如果你想带好团队，就要控制好自己的脾气，树立起正面积极的形象，为下属做好表率和示范，否则时间一长，大家就会对你抱有成见，企业也会因此受损。

张靖是一家商贸公司的尖端人才，做事迅速，不喜拘束。这一天，他早早地完成工作，于是他拿起一份报纸看了起来。这时去和外商谈判的老总回来了，老总对公司的人事很少过问，因此对张靖也缺少了解。就在他进来的同时，看见了张靖手里的报纸，于是怒从中来。

“你们这群人一天到晚都在干些什么？看看这办公室乱的，就和猪窝似的，一天拿着公司那么多钱，就知道混日子，什么都不会干，公司雇你们是为了赚钱的，不是养废物的。”

办公室里只有张靖在看报纸，他对这个久闻大名却很少见面的领导的“杀威棒”感到很不适应，认为老总是在挑刺，他腾地站了起来，瞪着眼睛向老总喊道：“你凭什么说我是废物！我按时上班，及时完成工作，从来没有早退请假过，我的策划方案也做得非常优秀！办公室的卫生有保洁人员收拾，与我何干？”

张靖因为一直得到部门经理的器重，所以对“尊重领导”的概念非常淡薄，性子直，受不得半点委屈。而老总只看到了张靖表面上的闲散，误以为他不务正业，爱发脾气的他怎么能容忍这些。结果是张靖辞职了，之前已有别的公司大力挖他，他碍于部门经理的赏识而没有离开，这一次彻底断了他的念想。

张靖手里的一个未公开的策划案价值不菲，却给别的公司带来了巨额利润，他的前老总也只能扼腕叹息。就因为这位老总的脾气让他损失了一员大将，让公司的利益莫名损失，实在是不智之举。

一个哲人曾说："能驾驭自己情绪的人，内心比拿得下一座城池更强大。"带领团队，管理好自己的情绪很重要，如果一个领导者连自己的情绪都没有办法控制好，那就别指望他能够带领好整个团队的情绪。很多时候，团队的情绪会受到领导者情绪的影响，团队情绪受影响公司业绩肯定也会受到影响。有一个公司的中层，他的业务能力很强，但是脾气比较暴躁，结果导致自己的团队不但业绩变差，而且团队成员的流失率很高。

好的团队带领人必是自己情绪的主人，他们不会随便让自己的坏情绪影响到他人，进而影响到与他人之间的关系。所以，作为领导者一定不要随意发脾气，要意识到自己情绪对团队的影响，不能随意把消极负面的情绪传递给团队。

容人之私，懂得"人之常情"

水至清则无鱼，人至察则无徒。团队带领人要懂得给人空间。容人有一个重要的方面，就是容人之私。领导者对下属的私交、私利和隐私，不要进行干涉，要允许其存在。

人之所以为人，一定有自己独特的爱好、追求和社会交际，这是人在社会生活、经济生活和家庭生活中的实际内容，不能对其进行压抑，也不可缺少，更不能完全取消。存在是正常的，不存在倒是不正常的。作为团队带头人不应该干涉下属的私生活，从某种意义上说，私生活正常健康发展，正是个人全面发展的重要组成部分。如果取消、忽视这部分，一定会使人畸形发展，产生变态或病态的心理，这不仅伤害其本人身心，也将有损于工作和事业。

但是，也有不少领导者恰恰在这点上无容人之量，他们或者大肆宣传“在领导者面前无隐私可言”，恨不得了解下属的一切；或者“教育”下属“以公司为家，献出一切”，其中包括献出个人的一切时间、一切精力及一切隐私；或者以“公”字衡量下属的道德和事业心，见私利，就会大发雷霆，以为私心太重；见下属私交密切，就侧目而视，认为是拉帮结派、另立山头；见隐私，就眉头紧皱，认为下属心术不正，恨不得让下属把一切都交“公”，除了工作，别无其他才好。

而某些领导者在强调“公”心的同时，却大发私欲，有的“喝酒不醉，跳舞不累，钓鱼打猎全会”。不但如此，还常常冠冕堂皇地称之为“责任重应酬多”“不会休息就不会工作”“合同敲于酬酢之间，生意成于舞乐之中”“谢安敲棋，决战千里；我之闲乐，运筹成败”，而实际上恰是“只准州官放火，不准百姓点灯”。这也说明了一些自认为品质端正的某些领导者自身也是食人间烟火、私欲不少的。

当然，容人之私，不是说容人的一切私欲，仅是指那些正当的、正常的、国家政策法律所允许的利益，那种违法违纪的私欲、损人利己的私欲不仅不能容，还要绳之以法，严加惩处。那么领导者该如何做到容人之私呢？

一是容人私交。允许下属享有交友的权利、交际的权利和参加各种合法的社会团体和社会活动的权利。对此，领导者既不可"以己之友，强人之交"，亦不可"欲交必交我，欲从必从我"，还不可因自己的感情变化而"爱屋及乌"或"殃及池鱼"。

二是容人私利。即允许下属在法律的范围内，追求、交换、赠予各种物质的或精神的利益，作为领导者既不可限制下属的私利，也不可伤害下属的私利，即便是下属在追求私利以及个人消费上有些缺点，只要不是违法乱纪，都不可以横加干涉。当然，适当加以劝导是可以的。

三是容人隐私。世界上所有的人，都有其各自的隐私。在法律规定范围内的隐私是人身权利的一部分，尊重别人的隐私，其实也就是尊重别人的人身权利。反之，通过各种手段窃取、了解别人的隐私的行为，是极不道德的行为，作为一个领导者更应注意。

一位企业家说过："管理控制确实需要条条框框，但第一条规定应是尊重员工，如果把第一条规定做好了，一切就好办了。"要想带好团队，就必须管好自己，懂得尊重员工，懂得"人之常情"，只有这样，员工才愿意接受你的领导，在自己的岗位上发挥出最大的潜能。

运筹帷幄，才会决胜千里

作为团队带领人，眼睛不能总是盯着鸡毛蒜皮的小事，领导者的工作就是统揽大局，"抓住重点，带动一般"，"突破难点，搞活全局"，能在全盘工作中抓住主要矛盾，找准工作重点，一切问题就会迎刃而解。

主将无能，累死三军！一个地区、一个单位、一个部门的领导，工作总是千头万绪、复杂多变，除了计划内的工作在日程表上排得密密麻麻，经常还会接到上级临时交给的工作，时不时地还有一些突发性的事件需要去处理。在这种情况下，如果团队带领人能够运筹帷幄，安排得当，那大家的工作会顺利地展开，事情会有条不紊地进行；否则，如果不会带团队，那最后肯定会搞得大家疲惫不堪，怨声沸腾。

那么，团队带领人如何才能从繁杂的事务中解脱出来，牢牢掌握住驾驭全局的主动权？这就要求领导者要抓重点，提纲挈领地抓住了主要任务，工作局面就会纲举目张，一切就会顺水顺风。

唐朝末年，裘甫起兵叛乱，已攻占了几个城池，朝廷任命王式为观察史，镇压动乱。王式刚上任便命人将县里粮仓中的粮食发给饥民。众将官迷惑不解，都说："您刚上任，军队粮饷又那么紧张，现在你把县里粮仓中的存粮散发给百姓，这是怎么回事呢？"王式笑着说："反贼用抢粮仓中存粮的把戏来诱惑贫困百姓造反，现在我向他们散发粮食，贫苦百姓就不会强抢了。再者，各县没有守兵，根本无力防守粮仓，如果不把粮食发给贫苦百姓，等到敌人来了，反而会用来资助敌人。"叛军到达后，城内百姓果然纷纷参与抵抗，不到几个月的功夫，叛乱就被平定。王式眼光敏锐，发现了粮食问题这个工作重点，轻而易举就平定了叛乱。

日本著名经营管理学家镰田胜说："优秀的领导者，都是把力量集中到一点上，靠全力以赴攻关才取得了一般人不能取得的卓越成果，其秘密就是如此简单。"他还说："如果一个领导在一个岗位干了很长时间仍不知道关键的工作，那就是一个不合格的领导。"这段话很中肯，作为团队的领导者，如果心无定性，遇到什么事情就干什么事情，不能分清工作的主次、轻重、缓急，胡子眉毛一把抓，到了最后肯定是一无所获。那么，怎样才能提纲挈领地开展好工作呢？

1. 集中突破

打仗的时候，有“集中优势兵力打歼灭战”一说。领导干工作时，也可以运用这个军事原则，那就是找准重点工作后，集中人力、财力、物力，健全组织机构、抽调优秀人才、加强舆论引导，目的就是全力以赴地攻关，力争在尽量短的时间内有所突破，有所建树，让上上下下都能看见自己的业绩。如此一来，向上可以争取政策与财物，向下可以激励人心士气，形成良性循环，最终带动方方面面的工作都有所起色。

2. 心无旁骛

中心工作是一个团队在某一个时期全部工作的灵魂，一切工作都应该为中心工作让路。如果领导同时搞几个中心工作，或者时不时地追加几个中心工作，会让大家迷惑到底该先干什么？俗话说“将军赶路不打野兔”，“五行不定，输得干干净净”，什么都想干好，什么都想抓好，结果什么也没有抓住。一段时间以后回过头来看，虽然忙忙碌碌，但业绩依然平平。

在全盘工作中抓住主要矛盾，找准工作重点，一切问题就能迎刃而解，能不能带好自己的团队，差距有时或许就在这个关键点上。

第二章　不凭权力树威，要靠智慧带队

以心换心，多做感情投资

在带领团队时，感情是必不可少的因素。感情是相互间建立良好关系的润滑剂。聪明的团队带领者，都十分注重感情投资。对于感情投资，必须有一个正确的认识。应该是自觉地、一贯地，不能只做表面文章，保持三分钟热度。以情动人贵在真诚持久。“路遥知马力，日久见人心”，感情投资需要较长的时间才能结出果实，因为人与人之间的理解与信赖需要一个过程。感情投资不讲究一日之功。如果领导者能长期注重感情投资，对带领团队将会大有裨益。

人是感情动物，赢得人心就能赢得追随。感情作为联系人际关系不可缺少的纽带，存在于领导者与下属之间，这种感情是互相影响的。想得到下属的理解、尊重、信任和支持，首先应懂得怎样理解、信任、关心和爱护他们。有投入才会有产出，有耕耘才会有收获，不行春风，哪得春雨？所以，作为一名团队带领人，一定要高度重视对下属以心换心、以情动情。

与下属以心换心、以情动情之所以重要，是因为人人都有这种需要。马斯洛的“需求层次说”认为，凡是人都希望别人尊敬和重视自己，关心体贴自己，理解信任自己。这种需要，是属于心理上和精神上的，是比生理和物质上的更高级的需要。物质只能给人以饱暖，精神才能给人以力量。“士为知己者死”，如果领导者能够对下属平等相待，以诚相见，感情相通，心心相印，从思想上理解他们，从生活上关心和爱护他们，在工作上信任支持他们，使他们的精神得到满足，他们就会焕发出高昂的热情，奉献出无私的力量，就会把工作做得更好。

在1960年的时候，京都制陶的工人还只是拿工资。他们与京陶十几个创业的干部不同，创业者在公司人人都有股份，可以参与公司的分红，而他们则是纯粹的打工仔。但是，在工作负荷上，稻盛和夫按创业的拼命精神来要求他们，总是让他们拼命工作到深夜，稍有迟滞或失败，稻盛和夫就毫不留情地责骂。久而久之，工人们怨声载道，日积月累的不满情绪终于发展成抗争，11名员工突然向稻盛和夫递抗议书，并向公司提出减时、加薪、增发奖金等要求，否则将集体辞职。

这时，稻盛和夫有两种选择：一是先答应加薪要求，留下骨干，再各个击破；一是让他们走人，但公司会因此受到极大的伤害。在这种情况下，稻盛和夫没有乱方寸，他对大家说：“要公司保证你们将来的薪水，我不能打保票。在录用你们时，我曾经说过，公司刚刚成立，让我们共同努力，今后公司的前景如何我也没有把握，拿不清楚的东西向你们保证，那是骗人的。”但是，他又接着说：“虽然不能保证，但以后我一定会为大家的利益尽力而为。”

稻盛和夫的说服工作一直进行了三天三夜，他没有空许愿，而是讲道理，终于使得大多数员工回心转意了，但还有一个人坚持，说大丈夫一言既出，驷马难追，说过辞职就不能反悔。稻盛和夫说："我要是骗你的话你拿匕首来刺我好了，我已经做好了剖腹的准备，想要和我决斗也可以。"老板的话，落地有声，终于感动了员工，他们纷纷收回了自己的辞呈。

通过这次事件，稻盛和夫悟出了企业和企业家的真谛。以前自己忽视了员工，把员工当成了生产产品的工具和机器。正确的观念应是，当自己招进一个员工时，就意味着承担了他甚至他家人一生的经济保障和身心幸福。经过了这样的反思之后，稻盛和夫把京都制陶公司的经营理念确定为：在追求全体员工物质和身心两方面都幸福的同时，为人类的发展做出贡献。因此，稻盛和夫建立了自己的经营哲学：心灵经营。

何谓"心灵经营"？稻盛和夫解释："是'以心为本'的经营。换句话说，我的经营就是围绕着'怎样在企业内去建立一种牢固的、相互信任的人与人之间的关系'这么一个中心点进行的。"作为心灵经营的直接实践者，稻盛和夫开展了企业内部的联谊活动。活动以聚餐会形式每年举办 2 ～ 4 次，有重大庆贺项目时另有增加。联谊会上，领导与员工相互斟酒，互诉心声。每次，稻盛和夫总是持杯走到大家中间，向大家询问工作情况、存在的问题，并坦诚地说出自己的看法，努力找到解决问题的方法。同时，联谊会也可以谈家事、谈人生。员工在平等和友爱的氛围中得到关怀和感化，并化解某些矛盾。

心灵经营的关键是如何对待员工。稻盛和夫把全体员工视为同志和合作伙伴，让所有的员工都分到了京陶股份。曾经有两次，他把自己所得的上亿日元的股票，无偿赠送给某些持股少的工人。员工们非常感动，他们发自内心地将公司当作家，京都制陶因此而获得巨大的凝聚力。注重对情感的经营，以情感树立权威，在中国历史上并不鲜见。许多古代政治家都善于以心换心、以情动情。刘邦的“信而爱人”，唐太宗的“以诚信治天下”，都是颇为动人的领导行为。每个人都需要别人特别是领导者的同情、尊重、理解和信任。如果领导者能够注意这一点，并身体力行，那么组织就会出现和谐、融洽的气氛，内耗就会减少，凝聚力和向心力就会大大增强。中国民谚里关于以心换心、以情动情的话比比皆是，“投之以桃，报之以李”、“你敬我一尺，我敬你一丈”，等等。团队带领人如若注重感情投资，必将赢得员工的诚挚信服。

做出些举措，让下属看到你的能力

如果一个领导者懦弱无能，那么，无论他怎样努力也是不可能拥有权威的。领导者要想在团队中占有一席之地，进而树立自己的权威，就必须有所作为。当然，有所为并不是指领导者成为团队的个人英雄，更不是指领导者自己唱独角戏，而是说领导者应该充分发挥自己的领导能力，身体力行地做出榜样，并以此真正为群体服务，做出业绩。

某公司经理上任伊始，一改前任领导人做事拖泥带水的风格，决心整顿公司内部的陈务，并且制定出相应的对策，首先自己带头遵守公司的新规章，但效果并不理想，经过了解，才知公司员工对他有一种观察态度，不太信任他的能力和专业水平。鉴于此，该经理决定亲临第一线，与销售人员一道奋战。一个月后，公司业务量大增，效益也大为改观，员工内部赞叹声一片，从此，大家也以该经理为榜样，勇于承担责任，积极主动干活，公司发展前景一片光明。

对于身处顺境中的领导者来说，一般是比较容易做出一番业绩来的。但是，如果身处逆境的话，许多领导者可能会被环境所左右，难以有所作为了。更有甚者，往往被环境所同化，很可能从此一蹶不振。殊不知，越是身在逆境，或者是面临危机的时候，越是领导者大有作为、树立权威的最佳机会。英国的社会心理学家布朗曾以旧式的机械与新式的机械为比喻，来说明无能的领导与卓越的领导之间的差别。

老式的机械一旦启动，就会一直以机械性的正确度不断地运转，不管有没有做工，它都无法依自我意志停止，除非是人为地把它关掉，或是停电。相反，新式的机械由于装有自动控制装置，所以它可以掌握环境中传来的各种信息，实行领导功能，根据具体情况采取正确的操作。

无能的领导者就如同旧式的机械一样，根本无法接受外来的信息，所以，这种领导者只有在团队的目的一致、运作顺畅时，才能产生带领作用。然而，卓越的领导者首先会让自己适应所在的环境，然后根据具体情况，想办法改变整个环境。在现代信息社会中，一个领导者应像新式机械一样，能根据外在环境的变化，调整自身，从而促进环境的改变。这种做法，实际上是领导者有效树立权威的一个行之有效的途径。

卓越的领导者应该严格要求自己，多吃一点苦，为下属多负担一点工作，做出一些举措来给大家看，只要用自己的行动干出实绩，下属自然会心服口服。俗话说，群众的眼睛是雪亮的。下属最讨厌的就是光说不练，只要领导者注意在实际业绩方面做出表率，自然会在下属中享有崇高的威望。

适当的时候可以摆摆架子

在带领团队时，我们提倡平易近人，提倡以温和的态度对待员工，反对摆架子。平易近人，温和谦逊，固然能受到大家的拥护和爱戴，但适当地摆摆架子也绝非是一种坏的做法，有时它反而更容易树立权威，取得大家的追随，并把工作开展得有声有色。

某公司的部门经理借用公司的车去参加一次会议。他在开会的时候，停在外面的车因阻碍交通遭警察扣留，这位经理犯难了，因为他知道车第二天还要用，这时只有行政部领导有权签发取回车子所需的罚款。

行政部领导原本只要立即签一张小小的现金收据就行了，但他想借此机会显示一下他的权威，于是让秘书假称他正在开一个重要的会议，不便受到打扰。那位部门经理别无选择，只得等待。所谓的“会议”结束了，行政部领导并没有马上办理，而是质问了部门经理一通才同意签字。这次权威的使用使部门经理的态度发生了变化，他不再像从前那么盛气凌人了。

这则故事的寓意是：当他们需要你的时候，他们已别无选择。任何你有权说“是”或“不是”的机会都是你展示权威的时机，这时，你不妨摆摆架子，借此树立起自己的权威。

很多时候，我们感觉摆架子会脱离群众，让别人认为自己目中无人。但是，“架子”绝不仅仅都是消极、负面的东西，而有着它积极而微妙的意义，是带领团队的一种十分有效的方法。

“架子”是有正面意义的，它其实可以理解为一种“距离感”。许多上司正是通过有意识地保持与下属的距离，使下属认识到权力等级的存在，感受到上司的支配力和权威。而这种权威对于上司巩固自己的地位、推行自己的政策和主张是绝对必要的。

实践证明，如果领导者过分随和，不注意树立对下属的权威，下属很可能就会因为轻慢领导者的权威而怠惰、拖延甚至是对工作故意进行破坏。所以，领导者通过“架子”来显示自己的权力，进而有效地行使权力是无可非议的，对于领导者很好地履行职责也是十分必要的。

领导通过“端架子”，可以使自己显得比较神秘。因为领导处于各种利益、各种矛盾的焦点上，若想实现自己的目的，就必须适时掩藏自己。如果下属很容易就揣摸到领导者的心理，他就很可能利用此来达到自己的某种目的，从而危及或破坏领导者管理意图的实现。而不暴露自己的最好办法，莫过于增加与下属的距离，减少接触，使自己保持一种神秘莫测的状态。

许多领导者最头痛的便是事无巨细都要亲自处理，而随和的言行会使下属产生一种错觉：这个上司好说话，是不是让他解决一下我的问题……这样，势必会使许多下属抱着侥幸的心理来请求上司的亲自批示，而一旦不能满足又会心生怨恨。因此，用这种轻易不可接近的“架子”可以避免细小琐事的烦扰，把更多的脑力用于谋划大事上。

在言语中端点架子也是树立权威的一种方法。不露痕迹地击败对方的一个好方法是装作对对方的要求无能为力，这种阻碍性的无能为力亦可造成一种“有权力”的印象。

“我无权去……”“这样做对我来说是不负责任的”“我觉得这样做不恰当”，这三句话分别给人以权威、负责任和正派的印象，进一步说，这样的说法也不大可能受到挑战。

但需要提醒的是，领导者大可不必用充满敌意的态度说明自己的原则，应该表现出自己的遗憾，必要时甚至可以辅之以同情的感情。下面几句话既可以表现同情，又不失办事原则：“就我个人而言，我很同情你，但你是知道那些规定的……”“我真希望我能帮你……”“我已绞尽脑汁，可是实在是无计可施……”“你也知道这方面的规定非常严……”“很不巧，我们没有这方面的规定……”“真不好意思，我办不到……”。

这些语言技巧的优点在于对所有的人都适用，即使是最低级的领导者也可以给对方留下一个有权力的印象。有权力意识的人最终会建立起自己的权威。只有树立权威，才能达到带领好团队的目地，因为有权威才会有敬畏和服从。

就事论事的批评才能带来触动

领导者的态度对员工改正错误绝对有影响，要么有利于改正员工的行为方式，要么就会对员工造成一种心理压力，反而不利于问题的解决。大多数的批评者，通常是把批评的重点放在指出员工出“错”的地方，但却不能清楚指明员工应该怎么做才“对”。在指责员工的同时，领导者也应该指出如何做才是正确的，这样才能更具有说服力。员工心悦诚服地接受你的批评，并依据你的批评积极主动地去改掉错误才是批评的最终目的。

比如，有些员工喜欢过分献殷勤，这时候领导者需要明确指出他的殷勤行为对公司、对自己以及对别人的危害性。同时，也给他指出他应该努力的方向，教育他用能力、用学识、用良好的人格魅力去赢得领导及同事的赏识。如果他按照你的指引而改正，并小有成绩，那你就应当适当鼓励他，这将更有利于他向正确的方面加倍努力。

日本实业家松下幸之助被人们奉为“经营之神”，他的创业经历相当传奇。最初，他只是一个火盆商店的小伙计，后来创办松下公司，经过他几十年的不懈努力，最终使松下成为盈利额居日本大公司榜首的公司。在松下公司高速发展中，管理高效率显然是十分重要。松下幸之助是一个在管理上不浪费一丁点时间的人，他在员工面前，恩威并施，在批评员工时尽管态度暴躁，口吻严厉，但却是直言不讳，以理服人。

他曾经这样说：“每个人都会犯错误，即使是一些职务很高的人也不例外。对于我们公司管理人员所犯下的错误，我决不会视而不见，对他们采取姑息宽容的态度。相反，我要提出书面批评，提醒他们迅速改正。”批评的唯一功能是使员工下次做得更好。这是松下幸之助果敢批评的根本出发点。他对下属的批评是就事论事，不是抱怨和责备，是用更加积极的态度指出下属所犯下的错误。他批评人的宗旨是以理服人。

有一次，一个中层管理人员犯了错误，松下幸之助把他叫来，对他说：“我把你所犯的错误以及如何改正全写在这个书面批评中了。当然，如果你对我的批评不以为然，那么，你可以拒绝接受这个书面批评；如果表面附和我而内心不满，那么，你可以当作我们今天没有这个谈话；如果你心服口服，真心实意地认为我的批评确有道理，那么，请你对我提出的改正意见认真考虑一下。”

那个管理人的态度很虔诚，愿意接受指导，就把书面批评从松下手中接过来，认真地看了一遍。然后说：“我都明白了。”松下接着问：“是真的明白了吗？是从心底里接受这种改正意见吗？”他回答：“的确这样想，因为你提供了一个更为高效的工作解决方案，这是我之前所没有考虑到的。如果你的方案不好，我会和你讨论，甚至反对。因为我们是就工作事务而不是个人事务。”松下一听，很高兴，说：“这太好了。我十分高兴你能听从与你不一致的意见。”

这个人成为松下当年最为出色的中层管理人之一。后来松下幸之助说：“也许我批评人的这种方式不合乎常理，使人难于接受。不过，令人欣慰的是，那个人心悦诚服地接受了批评，而且果真成了一名优秀的管理人。”

其实，无论是多么有能力的人，只有在别人的批评下才能获得进步。赞美和夸奖只能使人陷入荣誉的虚幻之中，而看不到自己的不足。松下曾经对受到他批评的管理干部说：“被人批评是一种幸运。”他毫不掩饰自己的羡慕，“假如能够有人这样向我提出批评，我会感到由衷的高兴。但是我想，假如我做错了事，恐怕你们只敢在背地里议论，而绝对不会当面指出我的不足。你们这样做，势必会使我在不知不觉之中重犯错误。职位越高，接受批评的机会就越少。你们的幸运就在于，有我和其他领导监督你们，批评你们。而这种机会对我来说是求之不得的。”

我们都知道，人们生病大多数是从疼痛开始被发现的。医生诊病，也往往是通过询问病人哪儿不舒服、哪儿痛入手。在此基础上再通过其他的科学手段，最终确诊。人是不愿痛的，但痛是反映身体出现问题的一个征兆，如果没有痛的征兆，就很难提前发现病情，更不能对症下药。这样就失去了发现疾病和治愈疾病的好机会。

痛则思变，不痛也就不会去追求改变。与治疗疼痛一样，在员工成长、发展的过程中，也会出现这样、那样的问题，但有时单靠其自身很难发现并做出调整，这就需要领导者给他一个征兆，让员工“痛”的时候使他警醒，从而发现问题并及时改正。在此基础上，领导者再扮演医生的角色，帮助其治疗。

要知道，一团和气有时不能完全解决问题。所以领导者要敢于批评，善于批评，这样才能对他带来触动，这样一来，与之相对应的改变可能也就越大。

永葆求胜意识

对于领导者而言，如果希望成为真正的领导者，就应集中精力去追求成功，不管时间长短、规模大小，都要竭尽全力去争取追随者。当需要用行动去争取追随者时，就要采取主动，在需要的时候去开创事业的新局面，使其他人像自愿的追随者那样，共享领导能力。

成功可以改变追随者对领导者的认识，使他们看到领导者的才能、力量、意志和韧性，从而使领导者的威望和领袖气质大大增强。

1942 年 8 月，蒙哥马利受命前往开罗，接任英国北非集团军第 8 集团军司令。当时，英国军队在北非战场上被“沙漠之狐”隆美尔打得节节败退，人员伤亡较大，士气不振。

为了使全体官兵恢复对高级指挥官的信心，使部队以高昂的士气投入未来的严峻战斗，蒙哥马利决定在英军发动攻势以前，按自己的想法打一次仗，而且必须战果辉煌。他准确地判断隆美尔一定会发动进攻，并从情报中预测出敌人的进攻方向。他以这个预测为基础制定了作战计划，为德军设置了一个陷阱，最终使隆美尔的进攻只落得个搬起石头砸自己脚的结局。此战的胜利，使第 8 集团军的士气得到提高，消除了疑虑不安的情绪，官兵的信心也与日俱增。

这次成功极大地提高蒙了哥马利在第 8 集团军中的威望，以此为起点，蒙哥马利率第 8 集团军在北非战场取得了辉煌的成就，并最终赢得胜利。

可以说，成功是充分展示领袖气质的舞台。领导者应全力以赴，力求取得不断的成功。这需要一种求胜意识。任何事业都需要一种求胜意识，领导艺术也是如此。蒙哥马利如果时时想着名声与生命安危，而不是军人的责任，那他也会像他的前任那样，撤退，撤退，再撤退，而不敢与凶悍的隆美尔交手，那联军将一蹶不振。事实是，他将一切置之度外，专注于事件，将自己的能力发挥得淋漓尽致，才激活了整个部队的潜在能力，终于尝到了胜利的果实。

如果以为领袖气质只能通过特殊的决定生死存亡的伟大成就来体现，那就大错特错了。持这种观点的人，恐怕会时时有“英雄无用武之地”的感慨。事实上，不论成就大小，都能导致领袖气质的产生。在一个群体中，谁能最终赢得领导地位，关键看谁捕捉机会（事件）的能力更强。偶然在某次成功中有所表现，只能赢得暂时的追随者，这种领导与追随者的关系将因事件的中断而中断。如果一个领导者获得一系列成功，其权力领导力就能得到延续，使追随者们在相当长的一段时间内，始终保持着对他的忠诚，并在各种不同的情形下始终支持他。因此，领导者应该热爱成功、忠于事业，这样才能享有威望。

亮起身份，树起权威

“身份”是一个很奇怪的东西，看不见摸不着，但能够被真真切切地感受到。成功的领导者和员工待在同一间办公室里，即使衣着差不多，别人也能一眼看出来谁是员工，谁是领导。领导的身份不是靠权力和制度来划定的，而是日常工作中有意“经营”出来的。领导要适当表现自己的“身份”。如果不能表现出这一点，那么这个领导者就不是个好的带队人。

懂得讲究身份才能在团队中树立权威。即使是中国古代的皇帝，具有任意的生杀予夺的权力，也时常有臣民或侍人忘记应有的礼仪和尊崇。皇帝往往是这样做的，通过严肃的仪式和残酷的杀人方式，不断提醒他的臣民和奴仆：我是至高无上的皇上，我的力量有多么强大。

对于企业管理而言，领导者讲究身份的技巧主要体现在言谈举止和日常维护上。首先是要注意自己的讲话方式。一般来说，在办公室里跟员工讲话，要亲切自然，不能让员工过于紧张，以利于对方更好地领会自己的意图。但是在公开场合讲话，比如在公司大会演讲、作报告，就要威严有力，有震慑效果。

如果遇到员工意见与自己意见相左的情况，可以明确给予否定。如果员工的意见确是对公司、对自己有利的，也不要急于发表看法，可以先说“让我仔细考虑一下”或“容我们研究、商量一下”。领导者可以利用时间从容仔细考虑是取是舍，提出意见的员工也不会沾沾自喜，而会愈加谨慎。这样做在无形中增加了领导的权威，比草率决定要好得多。

除了注意言语，行为更加重要。领导的权威身份，一般都是由适合的行为动作表现出来的。聪明的领导者切不可在员工面前举止失度，行为轻佻。你如果在单位内部获得了提升，就会发现，原来平级的同事对自己的新身份表现得满不在乎，甚至不服气。如何突破这一考验呢？不可以摆架子，那样就容易把自己孤立起来。但可以有意拉开距离，也可以在人事上进行一些调整，挫一下不服之人的傲气。只有这样，才能让他们意识到谁才是领导。

对领导“身份”的日常维护也很重要。在管理实践中存在这样一个现象：随着下属对领导熟悉程度的加深，下属对领导的身份感觉变得麻痹，在一些场合会表现出“不听话”“不敬”来，影响领导者的权威。所以，领导者要经常显出自己的身份，时时提醒下属你是领导。

第三章　搞好团队气氛，全世界都会为你让路

让员工敬畏你而不是害怕你

人越是紧张，越是难以发挥应有的水平。大家一定还记得2004年雅典奥运会上最为离奇的一幕。2004年8月22日，在雅典奥运会男子步枪3×40决赛还剩最后一枪未打时，美国人埃蒙斯领先中国选手贾占波3环，位居第一。贾占波率先发枪，10.1环。这意味着，埃蒙斯只要不打出低于7.1环的成绩，就会将金牌收入囊中。然而，就在人们以为埃蒙斯将稳稳夺冠时，意想不到的事情发生了。

埃蒙斯最后一枪扣过扳机后，屏幕上并没有显示出他的成绩，莫名惊诧的埃蒙斯露出难以置信的表情。经过裁判的认真检查，最终发现埃蒙斯竟然打错了靶位，站在2号靶位的埃蒙斯由于过于紧张，最后一枪竟然打到了3号靶位上。结果裁判一致判定埃蒙斯最后一枪为0环，唾手可得的金牌戏剧性地落到了中国选手贾占波的手中。原来几乎金牌到手的埃蒙斯由于最后一枪没有成绩，只排在第8名。

职场虽然没有奥运赛场上那么激烈，但是员工在紧张状态下工作，

一定会影响效率。团队领导者不是老虎，所以一定要摒弃掉老虎像，不要让员工在你面前忐忑不安，如坐针毡。团队领导者不应该使员工长期处在很大的压力下工作，而应设法调动其积极性，使其把工作当成一种享受，主动、快乐、创造性地工作。

我们再看一个比赛案例。在一次重要的比赛上，一位国内的跳高运动员面临着冲击金牌的最后一跳。教练对他说："跳过这两厘米，你的房子就到手了。"结果他以失败而告终。而在洛杉矶奥运会上，当受了伤的跳水王子洛加尼斯同样面临着冲击金牌的最后一跳时，教练对他说的是："你妈妈在家等着你呢。跳完这轮，你就可以回家吃你妈妈做的小馅饼了。"最终，洛加尼斯获得成功。

生活的逻辑就是这么怪。有时，人们为了达成一个目标，拼命地给自己或下属加压，结果却适得其反，目标没有达到，反而把事情办糟。

一家著名的制药工厂召开了管理人员会议，会议的主题是"关于人才培训的问题"。会议一开始，总经理就用他那铿锵有力的声音提出意见："我们公司根本没有发挥人才培训的作用，整个培训体系如同摆设，虽然现在有新进员工的职前训练，但随后的在职进修却成效甚微。员工们只能靠自己的摸索来熟悉自己的工作，因而造成公司的员工素质普遍低下、效率不高，很难与公司的发展需要相适应。"总经理的话让大家觉得很不安。这个会议本来是为了讨论如何改进培训制度的会议，但是由于总经理一上来就责备大家，因此所有参会的领导者都明哲保身，集体保持沉默。

最终这个会议没有结果。几日后，公司副总经理重新把公司管理人员召集在一起。他并没有向总经理那样采用责备的口气，而是用一种协商的语气同大家沟通。他说："这半个月我对公司的员工培训进行了抽样调查，结果发现它真的没有发挥其应有的功效。所以，今天召集大家开会是想讨论一下应该怎样改进目前人才培训的方法。请大家集思广益、畅所欲言吧！"副总经理的话一出口，大家就你一句、我一句地提建议。会议很快形成了改进决议。

惠普公司创建了一种独特的管理方法，他们称这种方法为"周游式管理方法"，其核心词语：自由、开放、尊重。他们创建了"敞开式大房间"办公室，所有员工都在一间敞厅办公，各部门之间只有矮屏分隔，无论哪级领导都不设单独办公室，同时也不称呼职衔，对董事长也直呼其名。惠普公司倡导所有公司领导者都要深入基层，接触广大员工，这样有利于公司上下左右通气，创造无拘束合作氛围。在这样的公司里面，即便是在公司董事长面前，一个普通的员工内心都不会丝毫感到紧张。越是放松，越能充分表现出自己的才干，越能创造好的业绩。而员工业绩越好，公司越能得到发展。

一个好的团队领导者，会让下属追随、尊重、敬畏，但绝不会让下属感到惧怕、恐惧。

给下属创造一个好的工作氛围

尽管可能企业的领导者听不到，但是员工之间或者员工与他的朋友之间一定会有这样的谈论："我们领导高瞻远瞩，总是比同业多看到好几步棋，能加入到他的团队中我感到很自豪"，"我们领导事必躬亲，下属凡事都要请示、汇报，工作效率低，员工士气低落"，"我们头儿给我们分配任务时，常常让我们感到无所适从”，等等。他们议论的不是领导，而是他们所在的工作氛围。

工作氛围是一个看不见、摸不到的东西，但我们可以确定的是，一个令人愉快的工作氛围是高效率工作的一个很重要的影响因素，快乐愉悦的气氛对提高员工工作积极性起着不可忽视的作用。如果在工作的每一天都要身处毫无生气、气氛压抑的工作环境之中，那么员工怎么可能会积极地投入到工作中呢？

任何人都喜欢在轻松、愉快的环境中工作。孟子曰：“天时不如地利，地利不如人和。”人和，亦即良好的人际关系和工作氛围，成为最为人看重的工作条件。可以这样讲，良好的工作氛围，既是一种条件，也是一种待遇。没有这个条件，人才不来；没有这种待遇，人才也不来。一家大型网络公司合并到新公司了，引起了业界人士的关注。然而，在这家著名网络公司工作的一位中层经理出人意料地说了这样的话：“我们最关心的是在进入新公司后，是否能有原来的工作氛围。”当员工将要进入新公司的时候，关心的不是待遇、职位……而是工作氛围，可见，工作氛围对于现代从业者是多么重要的事情。

员工看重工作氛围，是经济发展的一个显著进步。以往，人们工作注重的是职位升迁、工资调整、住房分配、职称评定……但当人们生活水平提高、个人知识积累进步后，从业者便不再过多关注身外之物，反过来关心自己的感觉、命运、爱好、兴趣……人与人之间的关系、团队的配合、理念的融通、工作的氛围……这是员工越来越注重内心感受的表现。和谐的工作氛围是金不换的东西——工资再高、地位再高……如果内心不愉悦，又有何益呢？是否具有和谐的工作氛围，成为很多人才是否选择这家企业的一个重要衡量标准。

研究表明，领导者的不同领导艺术会营造不同的工作氛围，而工作氛围又最终影响到组织的绩效。有统计数字显示，影响组织成功与否主要有四个关键因素，它们是个人素质、职位素质要求、管理风格、工作气氛。其中，工作气氛对组织绩效的影响程度达35%，而管理风格对工作气氛的影响度高达72%。可见，积极建立良好的工作气氛是成功领导者的一个必备能力。其实，建立良好的工作氛围，不仅是领导者领导能力的体现，不仅是对员工精神需求的满足，更是成功企业的内在必然要求。因为工作氛围的好坏直接决定着员工的工作效率。

有这样一个案例：张君，生性开朗、活泼，喜欢和人交流，不愿意受约束。他从事的是技术开发工作，刚到公司的第一天，他发现部门气氛比较严肃，大家都坐在自己的位置上一言不发，闷头做自己的事情，也很少有人走动。他觉得很不习惯，尽管工作环境很安静，但他的内心似乎有千军万马，焦躁不安，工作效率很低，以前一天能完成的工作如今变成了两天。这个案例清晰地说明工作氛围对工作绩效的影响。

因此，领导者应该注意适当调整自己的带队风格，创建出良好的工作氛围。良好的工作氛围是自由、真诚和平等的，是员工在对自身工作满意的基础上，与同事、上司之间关系相处融洽，互相认可，有集体认同感，充分发挥团队合作，共同达成工作目标，在工作中共同实现人生价值的氛围。在这种氛围里，每个员工在得到他人承认的同时，都能积极地贡献自己的力量，并且全身心地朝着组织的方向努力，在工作中能够随时灵活方便地调整工作方式，使之具有更高的效率。领导者应该能够掌握创造良好工作氛围的技巧，并将之运用于自己的工作中，识别出那些没有效率和降低效率的行为，并有效地对之进行变革，从而高效、轻松地获得有创造性的工作成果。

满足员工内心最深切的渴望

在森林里，有一只两头鸟。这是个奇怪的动物，别的动物都觉得自己很笨拙，觉得两头鸟应该很聪明，毕竟它比别人多了一个头，大家都很羡慕它。这只鸟的两个头“相依为命”，但是两个头却有不同的习惯：一个爱吃肉，一个爱吃果。遇事向来两个头都会讨论一番，才会采取一致行动，比如到哪里去找食物，在哪儿筑巢栖息等。

有一天，一个头不知为何对另一个头发生了很大误会，造成谁也不理谁的仇视局面。马上到了觅食的时间了，爱吃果的头希望能飞到果园里去，爱吃肉的那个头不干，非要在树底下寻找蚯蚓。结果，为了吃什么，两个头开始争执。爱吃果的头很生气，找到一颗毒草开始大吃起来，以求毒死对方消除自己心中的怒气。结果可想而知，两个头都被毒死了。

不尊重对方，哪怕是一个生命躯体上的两个头，也难以达到和谐，何况是人类集体呢。创造良好的工作的氛围，作为团队领导者，首先要尊重下属、尊重员工。现代管理学著名的霍桑实验证明，与改善工作环境、实行计件工资、严明奖罚等措施比起来，经常与员工进行访谈沟通，给员工以“主人翁”的尊严和损益共担的归属感，更能广泛而持久地促进企业生产效率的提高。心理学知识也告诉我们：人性中最深切的心理动机是受人尊重、得到肯定和被人赏识的渴望。如果无视这个动机，漠视这种渴望，提高员工的积极性就缺乏有力的心理支撑。如果习惯于以训斥求驯服，结果只能是压而不服。不尊重员工，领导者也不会得到员工的尊重。双方之间没有尊重，创建良好的工作氛围，将是一句空话。

在尊重员工的基础之上，团队领导者还要秉公办事。绝大部分员工不怕苦、不怕累，最怕领导不讲原则，从个人利益、个人好恶出发，待人分亲疏、处事有厚薄，提拔、使用、奖励不公正，不公开，从而使员工失去公平竞争的机会。这也正是有些领导者“其身不正，虽令不从”的原因所在。领导者只有公道正派、公正廉明，员工才能口服心服、无怨无悔，安心本职，干好工作。

保持领导的公正性，这就需要领导者要从制度层面确定各个部门、工作职位之间的明确分工。部门之间、岗位之间的合作是否顺利是工作氛围好坏与否的一个重要标志，明确分工才能有良好的合作。各部门职责明确，权力明确，并不意味着互不相关，所有的事都是公司的事，都是大家的事，职务分工仅仅是说工作程序是由谁来具体执行的，如此才不会发生互相推诿、推卸责任等影响工作氛围的情况发生。

企业内部绝对不应允许有官僚作风的存在，职务只代表分工不同，只是对事的权责划分，应该鼓励不同资历、级别的员工之间的互相信任、互相帮助和互相尊重；每一个员工都有充分表达创意和建议的权利，能够对任何人提出他的想法，主动地进行沟通，被沟通方也应该积极主动地予以配合、回答或解释，但沟通的原则应是就事论事，绝不可以牵扯到其他方面。

营造工作氛围最好从企业文化出发。从企业文化建设着手，提高员工工作激情，营造一个相互帮助、相互理解、相互激励、相互关心的工作氛围，从而稳定工作情绪，激发工作热情，形成一个共同的工作价值观，进而产生合力，达成组织目标。另外，创建和谐的工作氛围，并不是呆板地整齐划一，而是利用大多数成员的方式将大家最大限度地统一起来。如果不能学会采用下属的方式，哪怕是只有一个下属，也难以建立和谐的关系。只有使用成员最常用的方式，团队成员才乐于采取、乐于接受，从而保证团队的和谐。

古人说："欲谋胜败，先谋人和。""人和"有两层含义：一是营造亲密、和美的氛围。二是营造包容个性、和谐发展的生动局面。孟子说："物之不齐，物之情也。"我们不能因为强调严格管理而排斥员工个性，不能因为强调集体利益而忽视员工正当权益。要把尊重个性、维护权益、促进员工全面发展作为领导的新理念、育人的新追求。这样员工的创造与智慧就会竞相迸发，单位的生机活力就能充分展现。

别把目光总锁定在别人的错误上

当员工做错了某件事的时候，公司领导者的指责可能是必要的，指责的目的是唤起员工的责任心，让他改正缺点，在他脑子里形成一种警戒，使他们以后不再犯同样或类似的错误。然而，不是所有的批评都可以达到这样的目的，因为批评和被批评的过程通常不是在平心静气中进行的，并且当员工遭受到过多批评时情况会更加糟糕。英国行为学家I.W.波特说过："当遭受许多批评时，下级往往只记住开头的一些，其余的就不听了，因为他们忙于思索论据来反驳开头的批评。”所以说，团队领导者不应该总是把员工的某个错误挂在嘴上，喋喋不休地反复唠叨。

人有被赞扬、被肯定的心理需要，最佳工作效率来自高涨的工作热情。当在员工认识到自己错误后，团队领导者应该立即结束批评。一般情况下，表扬、激励员工效果可能比批评更好。在对员工提出批评的时候，最佳效果是让员工感到他们的确从批评中学到了什么才可以。要着力去培养员工一种“对大局有利，对公司发展有利”的好思维方式。很难想象，一个对工作兴趣淡薄的人会全力以赴地投入工作，取得良好的工作效果。因而，作为团队带领者，要做的就是像对待朋友一样去对待员工。

一个成功的领导者，往往非常注重对犯错的员工进行开导，他们不会死死地将自己的目光锁定在员工的错误上，而是会慎用批评、质问的语气。就连一向以节俭闻名于世的洛克菲勒都告诉世人，他的成功秘诀不完全只是依靠自己的“吝啬”，更重要的是他从来不会在员工犯错之后，只是盯着他们的错误没完没了地加大指责。爱德华·贝佛是洛克菲勒的一位生意合伙人，由于一时大意，爱德华·贝佛在南美经营一桩生意时出了差错，使公司在一夜之间损失近百万美元。差不多所有的人都认为，爱德华·贝佛一定会遭到洛克菲勒的痛斥。没想到最后洛克菲勒只是对他说：“恭贺你保全了我们全部投资的 60%，这很不错，我们没有办法做到每次都这么幸运。”

再举个小例子：杰克有两个哥哥，兄弟三人和父母相亲相爱，家庭很和睦。有一年秋天，三兄弟驾车去郊外旅游。两个哥哥已经有丰富的驾驶经验了。杰克刚满 16 岁，几个星期前才把驾照考下来。大哥和二哥商量后决定：繁华的市区由他们两人驾车，到人烟稀少的地方就让杰克练练手。到了郊外，杰克开着车，兴奋得有说有笑，不知不觉地把行车速度提高了很多。在一个十字路口，在红灯亮起来之前他没有如愿地闯过路口，反而和一辆从侧面驶过来的大卡车相撞，大哥当场死亡，二哥头部重伤，杰克自己也腿骨骨折。

他们的父母接到这个消息后，马上赶到了医院。杰克很内疚，本以为父母会责怪他，没想到父母只是紧紧地将他和二哥抱在一起，默默地流泪。过了一会儿，父母擦干他们脸上的泪，像是什么也没发生过一样开始谈笑。当时杰克父母的行为真的很出乎所有人的意料——对于两个幸存的儿子，尤其是杰克，父母始终和蔼可亲，像往常一样。

几年过去了，杰克问父母，那时候为什么没有责备他，因为大哥正是死于他闯红灯造成的车祸。父母只是淡淡地说："你大哥已经离开了，不论我们再说什么或做什么，都无法使他起死回生，但是你还有漫长的人生。如果我们责备你，就会使你背负起'大哥的死亡是因为我'这样沉重的包袱，那么你也会因此而失去一个快乐、健康和美好的生活。"

多么明智的父母啊！从这个例子我们可以体悟到，事后的责备并不是重要的，有时候它根本毫无用处，最重要的永远是人的心灵和未来。只有不够聪明的人才毫无止境地指责和抱怨他人。团队领导者应该像杰克父母一样善解人意，关注的是员工的未来工作，而不是抓住过去的错误不放手，只有这样，才能达到无往而不利的绝妙效果。

不特殊化，不另眼相待

对下属进行管理不要存有偏见，凡是对一些人有偏见的上司，对另一些人则会另眼相待。“有偏见当然不好，我们对工作努力的人另眼相待难道也不对？”有的上司不明白了。我们的回答是：另眼相待同样有害无益。

对于干得出色的下属当然应该表扬，但是，该表扬的时候表扬，该评功的时候评功，平时还是应该与其他下属一视同仁。这就是说，他靠工作出色赢得了他应该得到的东西，其他方面还是同别人一样。别人若像他一样工作，也能赢得所应该得到的东西。这里强调的是工作，突出的是公平。

如果你把一切特权都授予了他，甚至对他做错的事也睁一只眼、闭一只眼，那么，你让别人怎么向你学习？另眼相待所造成的特殊化，使他和其他人员有了差距和隔膜，别人反而无法也不想向他学习了。人们会因为妒忌、仇恨而消极怠工：“他既然这么得宠，为什么不把所有的工作都给他去做呢？我们还这么卖力干嘛！”

所以，一定要给下属一种公平合理的印象，让他们觉得人人都是平等的，机会也是均等的，他们才会奋发，才会努力。这样做，对做出成绩的人也有好处，有助于他戒骄戒躁，不断上进。对女性或体弱的人员也不能另眼相待。确实不适合女性工作的岗位，干脆就不要安排女性。既然安排了女性，就要同工同酬。

体弱的人员也是一样，要么明确规定半休，在规定的时间内也要和其他人员一样工作。我们不要以为好心一定能干好事，像另眼看待这种“好事”，不论对本人，对旁人都是有害无益的。

另眼相待所造成的特殊化，容易使人觉得不公正，这样也就不能在组织内部进行有效的惩戒。特殊化使人们产生有了隔膜，后进也就不会主动向先进学习，甚至会因妒忌、仇视而消极怠工，这样也就事与愿违，好心反而办了坏事。

领导者一定要给下属一种公平合理的印象，对待每个人都要客观公正，让大家觉得人人机会均等，人格平等，这样他们才会积极主动地做事。无论是对于有特别贡献的人，还是做事马虎，不甚了了的人，都大有裨益。成功者戒骄戒躁，精益求精，后进者不断上进，积极追赶，也只有形成这样一种氛围，才能进行有效的管理。

总之，领导者在处理与下属的关系时，要一视同仁，同等对待，不分彼此，不分亲疏，不能因外界或个人情绪的影响，表现得时冷时热。当然，有的领导者本意并无厚此薄彼之意，但在实际工作中，难免愿意接受与自己爱好相似，脾气相近的下属，无形中冷落了另一部分下属。

因此，领导者要适当地调整情绪，增加与自己性格爱好不同的下属的交往，尤其对那些曾反对过自己且反对错了的下属，更需要经常交流感情，防止有可能造成不必要的误会和隔阂。

有的领导者对工作能力强、得心应手的下属，亲密度能够一如既往。而对工作能力较弱，或话不投机的下属，亲密度不能持久甚至冷眼相看，这样彼此关系就会逐渐疏远。

有一种倾向值得注意：有的领导者把同下属建立亲密无间的感情和迁就照顾错误地等同起来。对下属的一些不合理，甚至无理要求也一味迁就，以感情代替原则，把纯洁的同事之间的感情庸俗化。这样做，从长远和实质上看是把下属引入了一个误区。

而且，用放弃原则来维持同下属的感情，虽然一时起点作用，但时间一长，“感情大厦”难免会倾覆。

将团队创造出家的感觉

员工跟企业的关系不仅仅是物质上的雇佣与被雇佣关系，还应是和谐、共同发展的“友谊关系”。维系这种“友谊”的纽带就是要给员工一种“企业就是家”的感觉。团队领导者把员工当作自己的亲人一样看待，在一种融洽的合作气氛中，让员工自主发挥才干，为团队贡献自己最大的力量，创造最好的效益。

“严是带兵之道，情是带兵之本”，带兵需要真情，这样的管理才有更多的人情味与更大的凝聚力。中华民族有着“报恩”的传统美德，“受人之恩，终身必报”，“滴水之恩，涌泉相报”。企业家关心爱护员工，员工肯定会给予足够的感激和报答的。企业家越是关心、爱护员工，员工们就会更加拼命地为企业效力。

英国的克拉克公司是一家很小的公司，它的业务只不过是为顾客给草坪施肥、喷药。但它的经营思想、管理方针却十分独特，许多专家称它是唯一一家真正体现“爱的思想”的公司。正是这种不合常规、强调“爱”的经营思想和方式，使公司获得了巨大成功：克拉克公司创业时只有 5 名职工、2 辆汽车，10 年之后，已有 5000 名职工，营业额达到 3 亿英镑。

公司创始人克拉克的老父亲传给公司一个信条："员工第一，顾客第二，这样做，一切都会顺利。"克拉克公司一直坚持这个信条，对员工如同家里人一般，对用户尽心尽力提供服务。在克拉克公司，喷药、施肥的工人被尊敬地称为"草坪养护专家"，是公司里最为重要的人。

老板克拉克关心工人，是由于内心的感情，而不是装腔作势或沽名钓誉。一次，克拉克提出购买一个废船坞，想把它改建为公司职工的免费度假村。公司高级财务管理人员通过细致的计算，发现这个计划超过了公司的实际支付能力，他们费了好大劲，才说服克拉克放弃这个购买行动。可是，没过不久，克拉克又要在一片沙滩上修建职工度假村，财务人员再次劝阻了他。后来，克拉克瞒着公司高级管理人员，买下一条豪华游艇，让职工度假。又包租了一架大型客机，让工人去外国旅游。事后，主管负责财务的副总裁说："克拉克要我签字时，根本不知道我是否付得起这笔钱！可是我看到那些从未坐过飞机的工人上飞机时的表情后，我再也无话可说。"在克拉克眼里，员工开心，他才会开心。

爱的精神即爱你的顾客、爱你的员工，尽心尽力使他们满意。沃尔玛领导人不无感慨地说："企业谁是第一，顾客！但是要想让沃尔玛的所有顾客都当成上帝的话，我们就必须善待和尊重我们的员工。""爱出者爱返，福往者福来。"给人以爱，赐人以福，而最终爱心和福祉又会回到企业身边，何乐而不为？将团队创造出家的感觉，企业将会获得无比的凝聚力。

第四章 不懂培养人，受累的只能是自己

扶植员工，培养能挑“大梁”的人

某网络科技公司 CEO 王剑对团队带领有很深刻的领悟和阐释，他说如果管理只是单纯地管人，就算你费尽心思，绞尽脑汁，也不可能把人管好，只有懂得从管人上升到带人，才能把企业管好。不懂带人，新人难以成长。结果要么是蜀中无大将，廖化为先锋；要么干脆无人可用，最后不得不更加事必躬亲，累及自我。不懂带人，再好的点子也是纸上谈兵，再好的项目也只能胎死腹中。的确，企业说到底是人，管理说到底是借力。只有集众人之力与智慧，把下属培养成干将，才会让自己解放。

有这样一个电影镜头：战场上，硝烟弥漫，班长被敌人的枪火击中，即将停止生命的心跳。班里还剩下五个成员，战斗还在继续，他一把拉过身边的一个战士，说：我死了，你就是班长，指挥全班继续战斗。火线上的任命最具有感染力，其他士兵服从命令，跟随着新任班长的身影继续坚守在阵地。但是，问题出现了，从来没有指挥过别人的这

位新班长，在猛烈的敌人炮火面前陷入了犹豫：死守，还是突围？他一犹豫不当紧，敌人趁机围了上来，将他们全部俘虏。

关键的时候，下属的能力出现了问题，致使全军覆灭。商场就是战场，任何企业或者组织就是冲锋在战场上的连队。要想在关键时候使企业不掉链子，要想在关键时候有人承担起领导责任顶起来，就需要企业在日常要加强对员工的培养。

作为中国企业的一面旗帜，华为不断在国际市场上创造奇迹，为国争光。在华为辉煌业绩的背后，是华为员工成千上万双染红狼群的眼睛。“华为人的眼睛都是红色的，或许这就是华为公司文化熏陶的结果，这让我们感觉有点恐怖。”华为的竞争对手这样评价“狼性培训”。与其他跨国公司一样，华为招聘员工时更青睐大学应届毕业生。在正式加入华为前，新入职的员工需要参加20天的公司文化培训。公司视人才储备优于公司财务增长，花巨资从英国HAY公司引进全套人力资源管理系统，内容包括任职资格、职业发展和考核体系，使得华为公司在不断壮大和发展中，“狼性”公司文化的传承得到制度的支撑。华为的狼性培训，就是把员工培养成一头头血性十足的狼，使员工具有超强的捕猎能力。正是这样，华为的旗帜一直在国际市场上高高飘扬。

员工成功，企业才能大成功。这句话的背后隐藏着一条重要的前提：让员工具备能力，尤其是区别于对手的独特能力，员工才能成功。作为团队领导者，注重培养下属的能力是一项基本的、重要的工作。不管你所领导的单位有多大，你要牢记你所领导的单位是一个整体，要用团队的力量解决问题。一个部门的强弱，不是主管能力的强弱，而是所有下属工作的强弱。绵羊可以领导一群狮子轻易地去打败狮子领导的一群绵羊。团队领导者最为重要的职责就是要将下属训练成狮子，将团队变成狮子群，而不需要将自己变成狮子。

有这样一个案例：某航空公司承接了一份短程往返航班的分包合同，就是把乘客从主航线机场运送到地区内的其他小机场。执行起这份合同对于这家航空公司来说，并不是什么难事，它有足够的实力完成得很出色。但是，结果却事与愿违。尽管这家分包公司的员工懂礼貌、勤奋，工作效率也很高，但是自从该航班开始运行后从来不能按时到达，更糟的是几乎不断取消航班，使得乘客总是迟到数小时，有时甚至迟到一天，经常耽误重要活动和会议，乘客的怨言很大，越来越多人放弃乘坐，改换其他方式。最后，由于运营效益太差，短程往返航班服务合同被上级合作单位收回，公司随之倒闭。

作为服务型企业，航空公司员工素质和工作能力决定着企业的生死。后来，这家公司的老板在反省经营问题时，他把“没有注重员工能力的培养”当作是失败的第一大原因。其实，不管对任何公司而言都是一样的，从这一案例中我们得到的警示是，只要员工能力差就会危及整个公司满足顾客需要的能力，从而使企业失去生存的条件和基础。作为团队领导者，有责任不断增强企业利润链中的第一环：员工的工作能力。这是企业成功运营的基础。

一个合格的团队带头人要善于培养人，要充分发挥团队中每个成员的聪明才智，让他们不断提高和进步，不能光会跟着干，要人人都能独当一面，为他们以后带团队打下基础。有了能带团队的能力，企业才会遍地开花，才能持续发展。

把心理素质好的人提起来

心理素质对于领导者很重要。试想，作为一个团队的领导，一旦遇到障碍和困难，他比下属更容易放弃，这样的团队怎能取得成功？或者一旦遇到危险，他比下属更加胆怯，这样的团队怎能担当大任？因此，寻找将才，一定要找到心理素质过硬的人。

有一次，松下电器公司招聘一批基层管理人员，采取笔试与面试相结合的方法。计划招聘 10 人，报考的却有几百人。经过一周的考试和面试之后，通过电子计算机计分，选出 10 位佼佼者。当松下幸之助将录取者一个个过目时，发现有一位成绩特别出色，面试时曾给他留下深刻印象的一位年轻人未在 10 人之列，这位青年叫神田三郎。

于是，松下幸之助当即叫人复查考试情况。结果发现，神田三郎的综合成绩名列第二，只因电子计算机出了故障，把分数和名次排错了，导致神田三郎落选。松下立即吩咐纠正错误，给神田三郎补发录用通知书。第二天公司派人转告松下一个惊人的消息：神田三郎因没有被录取而跳楼自杀了。录用通知书送到时，他已死了。

听到这一消息，松下沉默了好长一段时间，一位助手在一旁自言自语："多可惜，这么一位有才干的青年，我们没有录取他。"

"不，"松下摇摇头说，"幸亏我们公司没有录用他。意志如此不坚强的人是干不成大事的。"松下的意思是说，连这种小小的挫折也承受不起的人，是无法成就大事业的。

松下幸之助这话是有感而发的。

让我们回过头来看一看松下幸之助当年是怎样求职的，也许就更能明白松下的意思了。

松下幸之助年轻时家庭生活贫困，必须靠他一人养家糊口。有一次，瘦弱矮小的松下到一家电器工厂去谋职。他走进这家工厂的人事部，向一位负责人说明了来意，请求给自己安排一个哪怕是最低下的工作。

这位负责人看到松下幸之助衣着肮脏，又瘦又小，觉得很不理想，但又不能直说，于是就找了一个理由："我们现在暂时不缺人，你一个月后再来看看吧。"

这本来是个托词，但没想到一个月后松下幸之助真的来了，那位负责人又推托说此刻有事，过几天再说吧。隔了几天松下幸之助又来了。如此反复多次，这位负责人干脆说出了真正的理由："你这样脏兮兮的是进不了我们工厂的。"

于是，松下幸之助回去借了一些钱，买了一件整齐的衣服穿上又返回来。这人一看实在没有办法，便告诉松下幸之助："关于电器方面的知识你知道得太少了，我们不能要你。"两个月后，松下幸之助再次来到这家企业，说："我已经学了不少有关电器方面的知识，您看我哪方面还有差距，我一项项来弥补。"

这位人事主管盯着他看了半天才说："我真佩服你的耐心和韧性。"结果，松下幸之助的毅力打动了主管，他终于进了那家工厂。

虽然几次三番被拒绝，但松下幸之助以其坚韧不拔的毅力坚持下来，也正是凭着这种永不言败的积极心志，他打造出了一个庞大的松下王国。一般而言，领导者需要具备以下几种心理素质：

（1）处变不惊的应变力。未来是未知的，领导者要能坦然地面对充满各种变化的未来。

（2）情绪的自我掌控及调节能力。无论何时、何地、何事，都能保持积极的情绪和冷静的态度。

（3）满负荷情感付出的支持能力。领导者任何时候都不能丧失热情。

（4）积极进取、永不言败的良好心态。遇到困难，遇到各种挫折都不能轻言放弃。

你对下属说出期望，他会给你希望

领导的期望就是润物的春雨，被领导期望的员工像是需要雨水的小树，总是能快速地成长到被期望的高度。要想促进员工成长，让员工知道企业对他们的期望很重要。

企业对员工的期望，表达的主要方式是分配其重要任务。英国卡德伯里爵士认为："真正的领导者鼓励下属发挥他们的才能，并且不断进步。失败的领导者不给下属以自己决策的权利，奴役别人，不让别人有出头的机会。这个差别很简单：好的领导者让人成长，坏的领导者阻碍他们的成长；好的领导者服务他们的下属，坏的领导者则奴役他们的下属。"

让员工承担重要工作，是促进员工成长最有效的方式。松下幸之助就很重视企业人才的培养，他常对工作成就感比较强的年轻人说："我对这事没有自信，但我相信你一定能胜任，所以就交给你办吧。"根据员工的才能、潜力委派任务，再适时加以指导和引导。对工作成就感比较强的员工，要善于压担子，给其提供锻炼与发展的机会，以挖掘其潜力，创造更大的成绩。领导者越是信任，越是压担子，员工的工作热情就越高，工作进展就越顺利。

作为世界上最大的石油和石油化工集团公司之一，BP 就常用任务来促进员工成长。BP 建于 1909 年，总部位于英国伦敦，是由原英国石油、阿莫利、阿利、嘉实多 4 家集团组合而成。业务包括石油及天然气的勘探和生产、天然气和电力、石油销售以及石油化工和清洁能源太阳能。它也是世界上主要的交通燃料制造商和销售商，在燃料质量、装运、销售和零售方面享有盛誉。BP 全球雇员约 11.5 万人，在全球拥有 29200 个加油站，其中在美国有 1500 个。

BP 首席执行官布朗要求 BP 公司里的每个员工都要清楚两点：第一，自己的任务是什么，自己应该做什么，而不是由别人告诉你做什么。如果是公司的管理人员，他还要对团队成员的才能、素质以及自己掌握的资源所能做成的事情十分清楚。第二，任何人都要能作出详尽的工作计划，在研究公司战略上必须清楚和能正确评估其资金实力和可能有的多种选择。通过这两点，保证了整个团队的每个人都知道自己该做什么。因为每个人都理解什么事情能做和应该做，就能行动快，员工就能随着工作的完成而得到快速成长。

BP 很重视对年轻人、开发管理人才的培养。他们的目标是使每一个进入 BP 的人都能做得更好。他们对有才能的年轻人进行培训，让他们到不同岗位、不同国家工作，丰富他们的经验，提高他们的领导技能，有能力的就提拔。对公司一级的接班人，还要让他们了解公司整体状况，了解决策是怎样作出的。决策前必须听到最好的建议，而不是先决策，再咨询。

对于有潜质成为重要高级管理人员的人，布朗培训最独特的方法之一是让他做1年至1年半布朗的个人助理，在公司内被戏称为“海龟”——这个词来自日本动画片《忍者神龟》。作为布朗的助理，小到递雪茄盒，替他做日程，大到旁听董事会辩论、决策，都要全程参与。布朗说，这是让年轻人通过观摩来学习怎样作出正确决策，怎样向人解释决策，怎样沟通，碰到问题时知道哪些该做，哪些不该做，明白如何分轻重缓急等，核心问题是学会怎样成功。BP是个大公司，许多事情要靠各级领导者个人决断，所以，布朗认为，最好一次选对人，否则后患无穷。被重点培养的人，能够充分感受到公司的期望，所以，从布朗办公室走出的高级管理人员的工作都很出色。“我们有最好的队伍”是BP骄傲地写在年度报告上的3句话之一。布朗说，正是这样的机制使BP非常有效率。

相反，把员工看做是螺丝钉，员工丝毫感觉不到公司的期望，公司领导者出于担心员工能力不足把事情做坏而事必躬亲，不仅累坏了自己，也不利于员工的进步和企业后备人才的培养。团队成员获得成长，领导者才能轻松起来。领导者不能替代下属的学习过程，他们能做的是对下属的言传身教，对下属的工作予以指导和鼓励。告诉员工你对他的期望，他就能达到你的期望。

以欣赏的眼光观察下属的优点，他会更振奋

带领团队，就要学会善于发现下属的优点，并且最大限度地激发下属发挥他们的优点。所以，一个高明的团队带领者对自己的每个下属都应该了如指掌，当他们利用优点取得进步时，真心的为他们高兴并祝贺。

通用电气公司董事长杰克·韦尔奇曾是某一个下属集团公司的主管经理，这个公司外购成本过高一直是韦尔奇十分头痛的事情。后来，他只是在他的办公室里装了一台特别电话，问题便得到了非常圆满的解决。

这部特别电话对外不公开，专供集团内每个采购代理商使用，只要某个采购人员从供应商那里赢得了价格上的让步，他就可以直接给韦尔奇打电话。而且全体采购人员确信，无论韦尔奇当时正在干什么，是谈一笔上百万美元的业务还是同秘书聊天，他一定会停下手头的事情接电话，并且高兴地说："这真是太棒了，天大的好消息，你竟把每吨钢材的价格压下来两角五分！"然后他马上就坐下来起草给这位采购人员的祝贺信。

无独有偶，日本桑得利公司董事长信志郎业是一个善于带领员工的人。他的一些出人意料的处事方式常常让员工们感到十分愉快。

他把员工一个个叫到董事长办公室发奖金，常常在员工答礼完毕，正要退出的时候，他叫道："请稍等一下，这是给你母亲的礼物。"说

着，他就给员工一个红包。

待员工表示感谢，又准备退出去的时候，他又叫道："这是给你太太的礼物。"

连拿两份礼物，或者说拿到了两个意料之外的红包，员工心里肯定是很高兴的，鞠躬致谢，最后准备退出办公室的时候，接着又听到董事长大喊："我忘了，还有一份给你孩子的礼物。"

第三个意料之外的红包又递了过来。

真不嫌麻烦，四个红包合成一个不就得了吗？

可是，合在一起，员工会有意外之喜吗？

信志郎真是太狡猾了，其实他并没有多花一分钱，就买了员工的心。

当下属完成工作任务时，要真心诚意地感谢他们，这可以让他们的工作进行得更加顺利。因为他们是可敬的，也是值得感谢的，能做到这些，怎么能不激发出下属的工作潜能呢？

不仅如此，在相反的情况下，总经理也应该做到包容和鼓励自己的员工。我们知道，如果一个人不管出现了什么小错误，总是挨批评，他的情绪一定会大受挫折，信心也会在不知不觉中丧失殆尽。一旦一个人精神上萎靡不振之后，就算有高超的才能也是难以发挥出来的。因此，领导者如果能以欣赏的眼光来观察下属的优点，那么下属会因受人尊重而振奋，对上司交付的工作，也能愉快地去完成。如此，不但能激发员工的工作效率，甚至能在公司内部挖掘出优秀的人才，这对任何公司来说都是大幸。

从领导的角度来看，绝不能自炫才能和智慧，要知道个人的才能毕竟是有限的。有些人喜欢赞扬下属的优点，有些人则喜欢挑出别人的缺点，比较之下，往往是前者的工作推行得较为顺利，业绩也不会太差，而那些好挑剔下属的上司则正好相反。由此可见，唯有懂得如何欣赏下属，善于挖掘他们潜力的人，才能带领更多的人。

对于稳定型性格的下属，要着重培养其刚毅、富有自信的精神，对其弱点则多加保护，不宜在公开场合下指责，不宜进行过于严厉的批评，可以通过鼓励他们多参加集体活动，培养友爱精神，增强他们的自信心。

对奔放型性格的下属，要着重培养他的热情和生机勃勃的精神，对其弱点的批评、帮助要有耐心，要容许他有考虑和做出反应的足够时间。

对于坚定型性格的下属，则要多培养他的自制能力和坚持到底的精神，不要轻易激怒他，可以对其进行有说服力的批评。

对于下属的过错，如果是经过慎重的决策和艰苦的努力之后，因为某些不能控制的因素而失败，即使出现大笔亏损，也不要去责备下属，而应该去安慰他、鼓励他，使他鼓足信心，迎难而上，反败为胜，将功抵过。成功的领导者往往不会拘泥小节而忽略大事，用人亦是如此，领导者对部下的缺点应详加了解，但不可斤斤计较，重点在于发挥他们的优势，挖掘他们的潜力，这才是真正积极的带领团队的方法。

把合适的人放在合适的位置

德尼康定律告诉我们合适的人做合适的事。

一位乡村邮递员，名叫希瓦勒，每天奔走在各个村庄间。有一天，他在崎岖的山路上被一块石头绊倒了。

他发现，绊倒他的那块石头样子十分奇特，他拾起石头，左看右看，有些爱不释手。

于是，他把那块石头放进邮包里。回到家里，他端详着自己爱不释手的这块石头，突然产生一个念头，如果用这样美丽的石头建造一座城堡，将是多么壮观啊！

20 多年后，在他偏僻的住处，出现了许多错落有致的城堡，有清真寺式的、有印度神教式的、有基督教式的……当地人都知道这样一个性格偏执、沉默不语的邮差，在做如同小孩游戏一样的建筑城堡。

1905 年，美国波士顿一家报社的记者到此地采访，偶然发现了这群城堡，为之惊叹不已，记者为此写了一篇介绍希瓦勒的文章。新闻刊出后，希瓦勒迅速成为新闻人物，许多人都慕名前来参观他的城堡，连当时最有声望的大师级人物毕加索也专程参观了他的建筑。

在众人看来满山遍是的石头，其价值几乎忽略不计，但在邮递员希瓦勒这里竟被缔造成了奇迹城堡，价值增值不可估量。如何来解释这种价值的巨大变化呢？

在经济学上，任何物品要想成为商品并拥有价值，都必须具有可供人类使用的价值，毫无使用价值的物品是不会成为商品的。一块普通的石头，人们用它来建筑房屋、修公路等的时候，它的使用价值是很有限的；可当一个石头被赋予“愿望”的标签时，就变得具有稀缺性，这些“有愿望的石头”在邮差20多年的历练下被建筑成错落有致的城堡，不仅具有使用价值，还有了美的欣赏价值，具有了资源的稀缺性，价值自然大幅增加。

这与德尼摩定律有着异曲同工之妙。每个人，每样东西，都有一个它最适合的位置。领导者应让成就欲较强的优秀员工单独或牵头完成具有一定风险和难度的工作，并在其完成时给予及时的肯定和赞扬；让依附欲较强的员工更多地参加到某个团体中共同工作；让权力欲较强的员工担任一个与之能力相适应的管理职位。同时要加强员工对企业目标的认同感，让员工感觉到自己所做的工作是值得的，这样才能激发职员的热情。

现实工作中，存在这样一些管理误区：领导者依照企业制度安排人的位置，不善言辞的员工被安排去组织展销会，许多头脑里新点子迭出的员工却被安排做财务……这使得许多员工的优势得不到发挥，不仅浪费了企业的人力、物力，还打击了员工的工作积极性。将人安排在适合的位置上，达到人事相宜，是德尼摩定律一项重要原则，也是团队领导者重要的管理法宝。

因材施教，别把培训当成过场戏

荷兰阿姆斯特丹的港口旁边，时常有一个慈悲的老妪在傍晚时分出来散步。每次出来的时候，老人都会带些面包之类的食物，将这些食物分给栖息在海边的野雁吃。大雁是随季节性变化而迁移的候鸟，每年冬季将要来临的时候，它们会从北方飞到气候温暖的南方去过冬。由于这位老妪每天都来喂养，吃喝不愁，大雁们再也不用出去觅食，天天围绕着老人转。久而久之，这里的大雁逐渐变肥。这一年冬天来临的时候，野雁因身体超重再也飞不到南方，累死在途中。

这也告诉我们在企业中员工不能被锻炼出来，企业就不可能有竞争力。很多团队领导人对所有的事情大包大揽，就像是故事中的老人，员工就像是被喂养的大雁，对领导者很依赖。员工失去了创造性，失去了工作激情和挑战高难度工作的信心、勇气。结果，什么事情也不干，什么事情也干不成，能力越来越糟，这样领导者自己越来越累，企业也随着员工的平庸而陷入停滞不前的发展泥潭。所以，带好团队就要懂得培训员工，培养他们独当一面的能力。

也许有些团队领导会说，我们也花了大量人力物力，对员工也进行了培训，但效果却不显著，效益还是难以提升。这种问题的根源在于：企业的员工培训没有针对性。培训要有针对性，正如孔子的话："中人以上可以语上，中人以下不可以语上。"这就需要在企业实施员工培训时，应该在因材施教的基础上，更加注重培训方式的有效性。评价有效性的重要标准是看培训的对象是否按照企业的培训愿望进行成长。

海尔在实施员工培训时，从来都是从企业的培训愿望出发，对培训对象采取最为有效的培训方式。海尔培训员工的原则是“干什么学什么，缺什么补什么，急用先学，立竿见影”。以海尔集团常务副总裁柴永林为例子。他是20世纪80年代中期在企业发展急需人才的时候入厂的。一进厂，企业领导就在他的肩上压上了重担。领导发现，他的潜力很大，只是缺少了一些知识，需要补课。企业希望他将来能够承担更大的职责，所以就安排他去补质量管理和生产管理的课，到一线去锻炼，边干边学，拓宽知识面，积累工作经验。

连柴永林自己都承认，这是最有效的培训方式，经过基层的几年锻炼，他各方面的能力得到了补充和加强，对企业运营的宏观认知上了一个大台阶。由于业绩突出，柴永林在1995年被委以重任，负责接收了一个被兼并的大企业。一年后，他就使这个企业扭亏为盈，并使这个企业创造了两年之内成为行业领头羊的发展神话。随后，他不断创造奇迹，《海尔人》称赞他：“你给他一块沙漠，他还给你一座花园。”

海尔集团自创业以来一直将员工培训工作放在首位，上至集团董事长，下至车间一线工人，公司都会根据每个人的职业生涯设计制订出极具针对性的培训计划，搭建个性化发展空间。在海尔，公司为员工设计了三种职业生涯：一种是对管理人员的，一种是对专业人员的，一种是对工人的。每一种都有一个升迁的方向，每一种都设置有一成套的专业培训。

海尔员工培训的最大特色是将培训和上岗、升迁充分结合起来。海尔的升迁模式是海豚式升迁。海豚是海洋中最聪明最有智慧的动物，它下潜得越深，则跳得越高。如一个员工进厂以后工作表现很好，很有潜力，企业期望他干一个事业部的部长，但他仅有生产系统方面的经验，对市场系统的经验可能就非常缺乏。怎么办？派他到市场上去。到市场去之后他必须到下边从事最基层的工作，然后从这个最基层岗位再一步步干上来。如果能干上来，就上岗，如果干不上来，就回到原来的老岗位上去。即便是公司的高层管理人员，但如果缺乏某方面的经验，也要派他下去，到基层去锻炼。

海尔培训方式注重有效性还表现在现身说法。以技能培训为例子，技能培训是海尔培训工作的重点。技能培训采用的是通过员工身边案例、工作现场进行的“即时培训”模式。具体说，就是抓住实际工作中随时出现的最优秀或者最失败的案例，当日下班后立即在现场进行案例剖析，针对案例中反映出的问题或模式，来统一人员的动作、观念、技能，然后利用现场看板的形式在区域内进行培训学习。对有一些典型意义突出的案例，他们会发表在集团内部的报纸《海尔人》上，促使更大范围的讨论和学习，从而使更多的员工能从案例中学到分析问题、解决问题的思路及观念，来提高员工的技能。海尔就是凭借这种最为有效的培训方式来保证了企业持续高速发展的动力。

培训如果没有针对性，就是一场过场戏，所以带领团队培训员工要懂得因材施教、因人而异。

把员工当成财富，他才能为你创造财富

作为领导者，也许你会感谢经销商、供货商，感谢生意场上帮助过自己的三朋四友，感谢自己的顾客上帝，但是很少会有人想到感谢一下自己真正的衣食父母——员工。

虽然领导者通常是很会周旋的人，虽然他们都很清楚员工的重要性，他们知道是员工们一天到晚辛劳工作才为他们的企业积累下不菲的利润，假如没有员工的话，企业必定灭亡。但是，为什么很多企业家却对自己的员工不珍惜呢？有的领导者认为员工无非是机器，坏了再修，修不好再买新的。还有的老板态度傲慢地说：“现在就业形式不好，还怕招不来员工？”而持这种错误观点的人不在少数。

曾经有这样一篇报道：某个体汽修厂负责人责令两名员工在寒冷冬夜里脱光衣服互相殴打，致使一名员工死亡。事情的起因是汽修厂员工张某和钱某在修理客户汽车时不小心将车门上一块玻璃打碎了。企业负责人知道后火冒三丈，强迫张某和钱某光着身子在院子里互相殴打，并不断往二人身上泼热水。这位狠心的老板命令他们：“谁打赢了谁才能回屋穿衣服！”迫于老板的淫威，两人打了起来。张某被钱某打倒在地后，老板又用棍子朝张某身上抽打，随后又逼张某在屋外站着。当日夜里，张某浑身抽搐，嘴唇发紫，口吐白沫，不幸猝死。当地法院做出判决，个体老板犯故意伤害罪，判处死刑；钱某系胁从犯，判处有期徒刑三年。

虽然像案例中这样毫无人性、残暴变态的老板为数不多，但是对员工缺乏感恩之心的老板也为数不少，他们完全把自己当成了员工的“救世主”，而把员工视为可任意欺侮、践踏、盘剥的对象，于是总以高高在上的态度去对待员工。他们不但对员工的问题抱以漠视麻木态度，还反倒损害员工的利益。但凡这样的企业，都是绝不会有前途的，因为没有人愿死心塌地为冷血企业去卖命。员工是企业最重要的合作伙伴，没有了员工的忠诚，企业要想发展壮大，其可能性不言而喻，所以一个企业能否诚信于员工、是否感恩于员工是它发展壮大的重要因素。

相比不懂感恩员工的老板，杭州桦桐家私有限公司老板李国飞的行为让人感动。当他得知自己的员工身患绝症的时候，没有袖手旁观，而是为员工付清了所以治疗费，不惜投入巨资挽救绝症员工生命，也正是感恩于员工的具体表现。当别人非常质疑地问他“你一个私营企业老板，有必要为一个打工仔付出那么多吗？”的时候，李国飞道出了自己的心声：“他们是企业最宝贵的财富，为公司发展立下了汗马功劳。”显而易见，私营企业家李国飞并不是把自己看成企业的主宰，而是认为，是员工们的汗马功劳促成了企业的发展壮大，因而把员工视为促进企业兴旺发达的财富。

事实也是如此，员工的汗马功劳才是企业生存发展的命脉，如果不是员工们把企业当成自己的事业那样真诚地付出，如果没有员工们同甘共苦地挥洒血汗，企业就不可能有财富创造与积累，也就必然不会把企业做大做强。中国人常讲：“你敬我一尺，我敬你一丈。”那么，稍有理性和良知的企业家及凡是希望前程广阔的企业，随时对员工抱以感恩态度，也就是理所当然的。

总之，员工和企业血脉相连。在商业界打拼，机遇不单单垂青有准备的人，更垂青有爱心的人、有感恩之心的人。领导者只有把员工当成宝贵财富，员工才能为企业不遗余力地创造财富；领导者只有对员工多加珍惜，常抱感恩情怀，并以具体行动向员工感恩，员工才能以主人翁的姿态回报企业。一座气势宏伟的大厦是由一块块坚固的钢筋水泥堆砌而成的，同样，一个好的企业是由一个个优秀的员工组成的，员工的每一个行为都影响着企业的生存发展。

知人善任，就不会一个人累到死

什么是帅才？帅才不一定懂技术，不一定懂财务、不一定会销售，但是一定会带团队，能够领导不同功能的队伍，把各种性格、各种能力不同的人糅合在一起，彼此协调互相配合，高效完成各种任务。

一个大型酒店的老板，由于酒后肇事被判入狱 3 年。这位老板只信任他的一位吹长笛的朋友，于是将酒店交给这位朋友经营。吹长笛的朋友上任第一天，见到的基本都是硕士、海归、博士等酒店管理人员，他们对这位吹长笛的代理老板很不屑，说：“你一个吹长笛的懂什么，凭什么管理这个酒店？”这位长笛老板回答：“我是不懂什么，我只懂如何让一群自己认为什么都懂的人给我赚钱！”

这个回答很经典。团队的领导者没必要什么都懂，他只需懂一件事：如何放权给最合适的人。这位长笛老板知道自己该干什么、会干什么，他把酒店的各项业务交给最有能力的人来负责，他整日好像什么都不干，但是酒店却经营得很好，并没有因为老板的入狱而出现停止。放权，让这家酒店持续行驶在正确的航道上。

美国管理学家泰罗说："为了提高效率和控制大局，上级只保留处理例外和非常规事件的决定权和控制权，例行和常规的权利由下属分享。"合理的授权是让领导做领导最该做的事，下属做下属最该做的事。一个优秀的领导者一定要做好授权管理，在授权的同时要下属明白应该怎样去做。

《汉书》卷七十四魏相丙吉传记载，丙吉是西汉宣帝时一位贤相，他从一个小狱吏逐步提拔到丞相高位。他深通治国之道，辅佐汉宣帝励精图治，使得宣帝统治期间，"吏称其职，民安其业"，号称"中兴"，因此《汉书》对宣帝大为赞赏，曰："功光祖宗，业垂后嗣，可谓中兴，侔德殷宗、周宣矣！"

有一次丙吉丞相外出，在路上正好遇上为皇帝外出清除道路，驱赶行人而发生的群斗，死伤横道。丙吉从那儿经过时却不闻不问。同行官员掾史觉得很奇怪，又不敢问他，只得陪同着往前走。走到另一个地方看见有人赶着一头牛，这头牛走得气喘吁吁，热得直吐舌头。这时，丙吉却让车子停下来，派侍卫人员问赶牛的人："你赶这头牛走了几里路了？"

掾史觉得丞相莫明其妙，刚才在前面路上死伤了人都不闻不问，这会儿却对一头牛为什么喘气问个不休。于是就讥笑着对丙吉说："丞相您是不是搞错了，您该问的不问，不该问的却问个没完。"

丙吉意味深长地对掾史说："百姓相斗而死伤了人，管这种事是长安令、京兆尹等官员的职责，应由他们派人去抓捕、审理。到年终丞相只负责考核他们的政绩是优还是劣。根据考核的结果奏明皇上对他们进行奖赏或惩罚就是了。作为一个当朝丞相，不应该亲自管一些不该自己去管的具体琐事，所以刚才路过群斗的现场，我就不加过问。奇怪的是，现在正是春令时节，天气不应该太热，我怕那头牛没走多少路就喘得那么厉害，是因为太热了。若是春令天就那么热，那是时令失调，不符合节气的征兆。气候反常对农作物和人都可能带来灾害。我身为丞相，是朝廷百官之首，我的职责就是要使国家风调雨顺、国泰民安。只要是有关这方面的情况，我都要负责争取预先搞清楚，才能做到心中有数。所以，我对牛喘气吐舌的现象就不能不亲自过问了。”掾史乃服，因为丙吉知大体啊。

这同带领团队是相通的，古今中外莫不是同样的道理。要做好一名优秀的带领者，要正确地利用员工的力量，充分地相信自己的员工，给予他们充分的创造性条件，让员工感觉到领导对他的信任。士为知己者死，一个员工一旦被委以重任，必定会产生责任感，为了让领导相信自己的才干和能力去努力达到目标。知人善任，适时放权，领导者才不会身心疲惫，才有精力做自己分内之事。

中　篇

火车跑得快，全靠车头带

第五章　带素养：团队打天下，素养定江山

推诿扯皮，再优秀的团队都会被牵制

成功很少是一个人单打独斗可以实现的，更多地依靠团队的力量来实现。但是有些人知道团队合作的重要性，却未必知道真正的团队合作应该是怎样的。

推诿扯皮是建立团队良好素养的天敌。团队管理得好坏，最为关键的指标就是团队的整体协调配合能力。整体协调能力的高低，与团队成员的水平和素质有关。在那些团队成员素质不高的企业里，时常出现的情况是，一旦出现了问题，每个人都开始推卸责任，从别人身上找原因，努力证明别人怎样做得不好。企业组织由此而产生各种各样的矛盾。

推诿扯皮是不敢承担责任的表现，是一种负能量。无论是组织或者个人，如果具备了强烈的责任感，一定会目标明确、生气勃勃，面对任何艰难困苦的挑战绝不犹豫退缩。相反，如果失去了责任感，则会遇事推诿，消极懈怠，不敢决策，任凭组织滑行到错误的深渊。

在今天，更多的人对沃尔玛感到熟悉，而对凯马特逐渐忘却。其实，直至20世纪90年代，凯马特一直是美国最大的零售商之一。凯马特的失败，就是团队成员在问题面前推诿的典型例证。关于凯马特的失败，有一个故事广为流传。

在某一年的年度总结会上，一位高级经理认为自己在工作中出现了一个失误，他向坐在他身边的上司请示如何改正和修补。这位上司不知道该作何回答，便向上级请示。

他对上级说："我不知道该怎么办，我需要听从您的指示。"而这位上级怕承担责任，便又转过身来向他的上司请示。据传，这样一个小小的问题，一直推到公司总裁那里。

总裁后来回忆说："真是不可思议，居然没有人愿意为这个小事情承担责任，而宁愿将问题一直推到我这里。"凯马特为什么会陨落，由此可见端倪。

推诿扯皮是一种不良风气，是影响企业肌体健康的毒瘤。团队领导者需要致力于创造一种团员赖以运行的企业文化，使团队成员既能建立勇于承担风险的自信心，又能承受基层对上级领导者制定的战略方案，让成员在团队中达到自己潜能的最大释放。

著名企业西安杨森就十分重视团队合作，这个企业在团队问题上十分注意培养员工的"雁阵意识"。任何一个销售区域、办事处或产品小组都是一个团队。公司在工作、活动、绩效考核和奖励方面，都很注意以团队为单位，目的是使员工学会在团队内求得个人最佳发展。总裁庄祥兴认为，"雁文化"的实质就是团队的合作精神；雁阵当中的每只雁展翅高飞时都获得了来自同伴的"向上之风"；只有团队内成员齐心协力，互相帮助，才能实现团队的目标。

但凡冲突频繁的团队，必然存在责任感不强的人。遇事不推诿、不扯皮，主动寻求解决办法的人是企业最为欢迎的人。富有责任感的人最受敬重。

拿破仑征战期间，一个士兵为了能够把信送给拿破仑，连着三天三夜滴水未沾。敌人设有重重关卡，为了尽快将信送到，他不曾休息过一秒钟，并且在冲破敌人的围追堵截时，左臂也受了伤。当他赶到拿破仑面前时，由于劳累过度，一下子晕倒在地，而他的那匹战马也一命呜呼。

拿破仑看了信后，起草了一封回信交给他，并吩咐他骑自己的马，快速把信送回。这名士兵拒绝了拿破仑的好意，说："我只是一个普通的士兵，我不配骑元帅的战马。"拿破仑回答说："这个世界上没有任何一样东西是勇敢而负责的法兰西士兵所不配拥有的，我现在将这匹战马赠送给你。"士兵大为感动，翻身一跃，奔驰而去。

提升管理效率需要从加强合作开始。我国著名科学家王选说："美籍华人有个说法：日本人是围棋作风，讲究团队作战。比如松下当初把彩电倾销到美国时，联合了几家企业共同决定在美国卖成本价，占领市场。美国人喜欢桥牌作风，所以两家联合。比如英特尔和惠普，两个200多亿美元的大公司能够在下一代的CPU芯片上紧密合作。而有些中国人喜欢孤军作战，像打麻将一样，看着上家，防着下家，盯着对家，自己和不了，也不让别人和。"

而加强合作、减少团队内部矛盾需要从管理上避免扯皮开始。一个处处扯皮的团队是不可能富有合作精神的。为了避免部门间、员工间的扯皮现象对工作造成的影响，除了不断完善企业内部的组织结构、明确职责之外，更重要的是要培养员工的责任意识，强化团队成员的责任心，做到事有人管，减少踢皮球的现象，顺利、快速、有效地完成公司布置的工作。

搞不好制度，团队就是散沙一盘

所谓行为的边界，就是制度。制度是团队文化的精髓，是一个团队在竞争激烈的环境里生存和作战的保障。一个富有战斗力的企业，必定有严谨的制度；一个合格的员工，也必定具有强烈的制度观念。如果没有制度，团队就会像一盘散沙，员工各自为战，将毫无凝聚力。

很久以前有五个和尚住在一起，他们每天都分食一大桶米汤。但是因为贫穷，他们每天的米汤都是不够喝的。一开始，五个人抓阄来决定谁分米汤，每天都是这样轮流。于是每星期，他们每个人都只有在自己分米汤的那天才能吃饱。后来经过研究，他们推选出了一位德高望重的人出来分。然而好日子没过几天，在强权下，腐败产生了，其余四个人都学会想尽办法去讨好和贿赂分汤的人，最后几个人不仅还是饥一顿饱一顿，而且关系也变得很差。然后大家决定改变战略方针，每天都要监督分汤者，把汤一定要分得公平合理。这样纠缠下来，所有人的汤喝到嘴里全是凉的。因为都是聪明人，最后大家想出来一个方法：轮流分汤。不过分汤的人一定要等其他人都挑完后，喝剩下的最后一碗。这个方法非常好，为了不让自己吃到最少的，每人都尽量分得平均。在这个好方法执行后，大家变得快快乐乐、和和气气，日子也越过越好。

同样的五个人，不同的分配制度，就会产生不同的效果。所以一个企业如果没有好的工作效率，那一定存在机制问题。如何制定这样一个制度，是每个领导需要考虑的问题。

一个有能力的领导者，首先也应该是一个规章制度的制定者。规章制度也包括很多层面：财务条例、保密条例、纪律条例、奖惩制度、组织条例等。好的规章制度可以使被执行者既感觉到规章制度的存在，又不觉得规章制度是一种约束。

看看已经有百年历史的 IBM、花旗银行、默克制药等著名的企业，我们可以发现，只有讲规矩的企业才能成为真正的百年老店。

再往前追溯，当年，吴王阖闾有争霸天下的雄心，但是却没有强大实力，大将伍子胥为他请来了军事家孙武，于是吴王想要试试孙武的能力。孙武上任后做的第一件事就是立规矩，定制度。规矩立好之后他反复重申，不遵守规矩者杀无赦。当吴王的爱妃被杀后，所有的规矩都立起来了，而孙武也终于成为一代兵圣，吴王也成了春秋五霸之一。

现代企业家杰克·韦尔奇当年力推“六西格玛管理”，张瑞敏发怒砸掉了不合格的冰箱，这其实都是在立规矩。规矩立起来了，大家就有了准则，有了行动的标杆。从更深的层次讲，企业之间的竞争实际上也是规矩之争，作为制定规矩的团队领导者来说，谁的胸怀和气度大，谁能立起有效的规矩，谁的企业才能长久！

创维集团总裁张学斌如此阐述企业制度的重要性：

“我常常把企业的制度和一个国家来比较，像美国，只有 200 多年历史，但是现在就发展成为了一个超级大国。其实它真正成为超级大国的时候，没有 200 多年，100 多年就已经达到这个目标。它就是有一个很好的制度，只要这个制度在，大的问题就不会出现。”

没有规矩不成方圆，团队是人的组合，而每个人都有自己的思想和行为。但是在团队里，需要尽量避免个人的不合理的思想和行为，要求整体步调一致，所以纪律的约束不能缺少。因此，在每个企业的建立之初，领导者首要做的就是指定明确的制度规范，为企业画出规矩方圆。

好习惯让团队长治久安

培养团队素养，打造一支充满朝气、高效的团队不是件容易的事。俗语说：火车跑得快，还需车头带。一句话就形象地点出了团队带领者对组织发展的重要性。那么，团队领导者如何打造团队的素养，建立好团队成员的习惯呢？

下属的工作习惯直接影响着团队的运行效率。但凡犯同样错误的人，大部分都是由于其职业习惯不好造成的。

员工是需要雕琢的，而雕琢的核心途径就是培养其职业习惯。

一位木匠师傅总是不厌其烦地交代学徒要保养好刨子、斧子、磨刀石等这一套工具，为什么呢？磨刀石的功用不只是能磨出锋利的刀刃，更重要的是它能磨出学徒的耐力和毅力。做事马虎者，其磨刀石必然长满了红色的铁锈，反之，名匠的磨刀石，应当光泽明亮才是。

下面这些场景在企业组织里并不鲜见：椅子或桌子上，文件放得乱七八糟；桌子、椅子上，用手一摸，尽是灰尘；复印机忘了关，连续一小时在空转；人都下班了，电灯不关，电脑不关，如果领导者问起来，解释的理由振振有词：“忘记关了”“忘关的人多的是，为什么只说我。”

这些细微的表现，看似无伤大雅，实则体现了对办公设备的不珍惜，也间接地说明了工作态度的不慎重。从这些小地方可以直接看出一个人的内心与修养。因此作为一个领导，只要懂得从这些细微处入手，就可以很好地培养下属的修养。

当年，海尔引入了一条冰箱生产线，预计要达到9000台的产量，张瑞敏就把目标分解到每一天，于是有了“日清”工作法。后来演进成“日事日毕，日清日高”的“OEC”。

“OEC”法则，即英文“Overall、Every、Control and Clear”的缩写。其内容：O—Overall（全方位），E—Everyone（每人）、Everything（每件事）、Everyday（每天），C—Control（控制）、Clear（清理）。“OEC”管理法则也可表示为：“日事日毕，日清日高。”

“日事日毕”，就是要求对当天发生的各种异常现象，在当天弄清原因，分清责任，及时采取有效措施进行处理，以防止问题积累，确保工作责任的真正落实。

所谓“日清日高”，就是对工作中的薄弱环节不断地进行改善、不断提高。公司算了一笔账，职工坚持每天提高1%，70天工作水平就可以提高一倍。

OEC管理法由三个体系构成：目标体系→日清体系→激励机制。首先确立目标，日清是完成任务的基础工作，日清的结果必须与正负激励挂钩才有效。

这个管理法的落实过程需要借助一个叫作3E卡的记录卡。“3E”

卡，就是用来记录每个人每天对每件事的日清过程和结果。“3E”是英文 Everyday、Everything、Everyone 的缩写，即每天、每件事、每个人。“3E”卡是“日事日毕，日清日高”的具体化。

海尔要求每个员工每天都要填写一张 3E 卡，3E 卡将每个员工每天工作的 7 个要素量化为价值，每天由员工自我清理，计算日薪（员工收入就跟这张卡片直接挂钩）并填写记账、检查确认后给班长，不管多晚，班长都要把卡拿回来签字后并交给上面的车间主任，车间主任审核完后再返回来，就这样单调的工作天天填、月月填，不管几点下班都得完成。

在 OEC 管理法实施后，海尔集团获得了长足的发展，企业管理精细化程度、流程控制能力都得到了提高，为后来成为世界家电百强奠定了基础。

要培养下属良好的工作习惯，领导者可以制定各种各样的规章制度，制定后，不能只挂在墙上，而要定期且及时地落实执行。遇到有些下属能做到又故意不做的事，可以狠批其一顿。良好的工作秩序若能保持下去，对于培养下属循规蹈矩的习惯是很有效果的。

企业之间的竞争不仅是产品或技术的竞争，也体现在团队工作的细节上。一个团队是否具有较高的执行效率，和团队成员的职业习惯密切相关。同时，衡量一个领导者管理成效的重要标志就是团队成员是否有好的习惯。因此，领导应重视下属良好工作习惯的培养，这是打造高素养团队的必经之路。

关注团队里那些爱学习、进取的人

团队需要有潜力的员工，知识经济时代，人才制胜。考核现代HR（人力资源）业绩的一项标准就是发掘有潜力的员工、培养优秀者、创造高绩效的工作环境。发掘有潜力的员工是促进公司发展的智力资本。潜力是什么呢？“德才兼备，专注好学”的员工就是团队寻找的“潜力股”。在人才选拔与任用实践中，不仅要重能力更要重潜力、人品，胜任目前岗位工作的基本能力是必需的，但只有品德优良、有潜力的人才能得到足够的发展空间。

什么样的人是有潜力的人呢？有潜力的人才一定是视野广阔、心态积极、专注好学的员工。如果说事业心是成长的动力，那么专注好学就是员工成长的助推剂。员工只有花精力去钻研和学习工作领域的知识，花精力去改善工作领域的绩效，才能为企业创造价值，这样企业也会把自身的发展托付给这些人。“德才兼备、专注好学”，实际上指的就是人才的两个方面：品德素质和专业能力。有潜力的人才，一定会在这两方面表现出过人之处。

刚毕业的小李本想到大企业去做机械设计，可最终进入了一家工厂做技术维护，工作很闲，价值不大，干得很郁闷。两个月后，公司因为发展的需要，从国外购进了5台工业用的大车，由小李负责技术维护。可是不到半年，这5台车就坏了，怎么也开动不了。小李和技术组一同寻找原因，同时也联系了生产该车的外国技术专家。

外国专家前来简单地看了一下大车的情况，马上得出结论：故障是因为工厂工人操作不当引起的，生产方没有责任。但是小李认为，工人完全是按照说明书进行规范操作的，并没有不当之处。于是，他向外国专家提出了自己的看法，但是几个外国专家坚持说是工厂工人的责任。

这让工厂的领导很为难：如果承认是工人操作不当引起的故障，那么厂家就不负责维修，5 台车的维修费用要自己掏，算下来怎么也得 100 多万元。可是如果不承认，因为自己的技术人员不精通这方面的技术，又提不出有力的证据。就在领导准备咬牙承担这笔巨大的损失时，小李却拦住了领导，他给领导立下“军令状”，一定给工厂拿出证据。

随后，他带领几个技术工人，在车上一待就是几天，用各种检测工具从头开始，一点一点地检查线路。就在第四天早上，小李在一组线路中发现了问题，这组线路存在的问题足可以证明，这 5 台车在生产设计时就存在着严重的问题。当小李把这组数据放在外国专家面前时，趾高气扬的外国专家顿时说不出话来。最后，维修费用由生产厂家全部承担。

小李为公司立下了大功，领导马上提升他为技术总监。小李也在这份原本不被自己重视的工作中获得了成就感。

在小李身上体现出了现代企业最重视的素质：专注好学。具备良好的道德素质的学习型人才就是企业在寻找的潜力股。学习能力是企业十分看重的一点，只有不断学习，才能适应不断变化的岗位要求，才能在学习中不断提升自身的能力，从而实现个人与企业的共赢。

作为团队领导者，领导一定要善于从品德素质和专业能力这两个角度发现公司的未来潜力股，尤其是要关注那些爱学习、热衷进取的员工，他们今天的学习就是明天成为专家的资本。找到公司的潜力股，才能使企业源源不断地获得优秀人才贡献出来的力量。

挖掘潜力，释放团队最大能量

只要是办企业，谁都希望自己的企业越做越强、越做越大。领导者如何才能把企业做强做大呢？个人的力量是有限的，而团队的力量是无穷的。企业只有充分发挥团队的力量，才能把企业做大。可是团队又如何打造呢？打造高效团队到底需要哪些要点呢？

1. 清楚的任务

清楚的任务是所有要素中最重要的，没有一个清晰界定的任务，团队不可能合理构建。因此，要创建团队的组织，首先要弄清团队的任务是什么，如果没能做到这一点，可能会带来严重的问题。例如某经济学家在分析质量循环工程的成功与失败时，发现所有不成功的工程都是由于任务的模糊造成的，组织文化的导向也无法弥补这一缺憾。

2. 足够的资源

基本资源对团队来说至关重要，这些资源必须由团队所处的企业提供。资源可能具有多种形式，当然会需要财政资源，但也需要员工资源，例如秘书工作的支持。在组成团队的人中间需要大量的综合性技术，也需要其他的技能。企业应该保证为团队提供必要的资源，使其能够有效地完成任务。而领导者要做的，就是不断地提供资源支持。

3. 可靠的信息来源

可靠的信息是保证团队良好运作的要素，它的获取可能需要特别的信息媒介通道，比如去发现一个特别程序是如何进行的，或者去发现特定的成本是如何获得的。促使团队获得正确的决定，具有准确的信息至关重要。团队必须考虑到知识的新发展，这也需要信息。因此，具有细致、可靠的信息来源是企业有效地运转的保障。

4. 持久的培训

美国得克萨斯州中洛锡安市的查帕罗尔钢铁公司的领导者为自己的工作团队设定了22门不同的课程。85%的团队成员都会接受其中一门或一门以上课程的学习。该企业规定，凡是利用业余时间学习的人，每进行4个小时的培训，就可得到20美元的奖励。这种现金奖励的数额还将随着他们所完成的课程门数的增多而增加。这种培训活动使查帕罗尔公司拥有了更多的掌握多种技能的员工，也拥有了一支由综合素质优秀的人士组成的高效团队。

很多大企业认识到，给团队成员提供持续的培训就等于为企业和员工支付股息。全方位的培训使团队成员不仅多才多艺，而且能够灵活地完成分配下来的任务。每个人都能得到机会学习新技术，获得观察事物的新方法，结识新的工作伙伴并与他们通力合作。团队成员一旦具有了打破常规的勇气与能力，就可以不断地进行自我激励，不断学习、不断自我完善，这样的团队能令企业充满生机，不断向前发展。

5. 及时反馈

团队执行任务需要来自企业的可靠的定期反馈。如果团队与企业的其他部分隔绝，它就会很快分裂。因为团队需要向企业其他部门学习，使团队工作与之相适应，能够与组织其他部门更好地结合，弄清什么时候是做某事的正确时机，甚至当其他部门改变时，也能够保证该部门的任务完成。最重要的是，反馈使团队清楚了自己的成就和下一步企业要求完成的任务。

根据对许多企业的研究发现，大部分团队成员总是认为自己没有得到足够的重视，也就是说，大部分的企业都认为团队成员的努力与付出是理所当然的，所提供的反馈也不够。所谓没有得到足够重视，并非仅限于加薪或升官。团队成员最需要的，是在有所成就之后受到肯定和赞扬。领导者可以通过一声“谢谢”、一份小礼物、公开赞扬等方式，表达对团队成员努力付出的肯定。除了听取团队成员的工作汇报，给予他们各种指示之外，这种激励性的回馈也必不可少，它会使团队朝气蓬勃，不断进取。

6. 技术与过程协助

任何工作团队都需要一定的技术援助以有效地执行任务。简单的如需要为一次演示制作幻灯或打印正式报告，复杂的如需要某人在一个特殊的生产过程中提供详细的化学方面的专业技术知识，需要市场专家参与以帮助团队如何将新产品推向市场，也可能需要流行病学家对保险团队提一些关于交通事故应急处理方面的专业建议。这些技术支持将使团队的工作效率大大提高，避免人力和财力的浪费，还能促进各部门之间的相互协调。

研究结果表明，所有的成功团队都将这 6 种要素应用得非常好。无论哪一类团队，目标是什么，人员有多少，应用这 6 种要素都可以有效激发团队自身潜力，使团队释放最大能量。

骄兵必败，谨防团队过度自信

团队成员有信心，企业就会见效率，自信是件好事，但如果过度自信、感觉过于良好会使人麻痹大意，作出轻率的决策。这种感觉使误差犹如夜色中的冰山，在前方不远处潜伏，我们应时刻保持高度警惕，避免与它撞击。

1912 年 4 月，英国豪华客轮“泰坦尼克”号载着人类的不沉之梦远航。结果，因为船长的感觉过于良好而麻痹大意，放松警惕，导致船体面对突然出现的冰山躲避不及，造成 1513 人丧生的悲惨结局，付出了惨重的代价。我们应该铭记在心的，除了电影中那段浪漫、凄哀的爱情故事，更重要的是以生命为代价的教训。

妄自尊大、感觉过于良好的决策，通常会一头撞入自毁之门。千万不要认为自己了解任何事情，实际上，这个世界变化之快，是没有人能够彻底地了解所有的事情的。

1984 年洛杉矶奥运会之前，柯达一直垄断着世界体育大赛的胶卷专售权。柯达曾经占到世界摄影器材市场 75%的份额，利润占这一市场的 90%，是感光界当之无愧的霸主。

1979 年，洛杉矶奥运会组委会主席彼得·尤伯罗斯宣布：“本届奥运会正式赞助单位只有 30 家，每个行业选择一家。赞助者可以得到本届奥运会某项商品独家供应权。条件是，每家至少应赞助 400 万美元。”

尤伯罗斯找到柯达公司，希望柯达提供 500 万美元以上的赞助，把奥运会同行业唯一的赞助权拿走。不料，柯达公司营业部经理和广告部主任，自恃柯达是行业老大，产品信誉高，又占地利，以为这次一定是稳操胜券，因而一再讨价还价要求降低赞助费，最后只同意赞助100万美元和一大批胶卷。尤伯罗斯耐心等了半年，最终还是没有达成协议。正在此时，日本富士公司寻上门来，尤伯罗斯巧妙地与其周旋谈判，最后，富士愿意出700万美元的高价。尤伯罗斯当然喜出望外。日本富士就这样获得了23届奥运会的独家赞助权。柯达公司董事会闻讯后十分恼火，营业部经理受到严厉的斥责，广告部主任也因此被撤职，只好亡羊补牢，采取紧急的措施，先是拨款1000万美元在电视上大做广告，后又给800名美国运动员每人发一架“柯达”照相机。

“富士”尽管签了合同，却也不敢马虎，他们立即剥掉几十万个胶卷的原包装，换上“奥运会专用胶卷”的新包装，并安排一天可冲洗1.3万个胶卷的设备，在奥运会期间冲洗20万个“富士”胶卷和相应扩印业务。在奥运会期间，赛场内外都是富士胶卷的广告，所有记者用的也都是富士胶卷，使富士大出风头，销量激增。富士公司借助奥运会之良机一下子冲进了美国市场，分掉了柯达的许多市场份额。

有一句俗语“三十年河东，三十年河西”，喻指命运无常。这话同样适合柯达和富士这对老冤家的竞争。在异常激烈的竞争过程中，曾经雄霸天下的柯达出人意料地被成功束缚了手脚，而曾经惨败的富士却在失败之后赢得了胜利。

在中外经营史上，也有很多大企业，倚仗自己财大气粗，居安不思危，感觉过于良好而招致失败的例子。决策者往往会将一时的成功归因于自己的无所不能，从而在决策时，妄自尊大、拒谏饰非，以个人意志代替科学决策，结果把企业引向了误区。

亨利·福特 1903 年创建了福特汽车公司，成为美国第一代汽车制造商之一。创建初期，亨利·福特实行家长式领导，结果在激烈的竞争中曾两次遭到失败。后来，他聘请了詹姆斯·库茨恩担任总经理。库茨恩采取了三项重大战略措施：一是进行市场预测。根据对社会消费水平的预测，改变经营方针，从生产豪华汽车改为生产“T 型”廉价汽车，结果很快打开了销路，生意十分兴隆。二是通过提高劳动生产率来降低生产成本。研究设计出了世界上第一条汽车装配流水线，后来称之为“福特生产线”，装配一辆汽车的时间由原来 12 小时 28 分缩短为 9 分钟。三是建立一个完善的销售网。到 1912 年，全世界已有 7000 家商行从事福特汽车的销售工作。仅在 1923 年就销售了 179 万辆福特汽车，世界市场占有率高达 46%，被称为“汽车大王”。

然而，福特汽车成功后，福特本人变得越来越专横跋扈、独断专行，听不得不同意见，也听不进建设性的建议。因此，有作为的人才纷纷离去，而一些平庸之辈、没有什么创见的“传声筒”，在公司里却混得很不错。1915 年，库茨恩也对福特感到了厌倦，因为难于相处，不得不离开由他经营近 10 年的福特公司，另觅天地。自此之后，福特公司市场占有率下降。1929 年，福特汽车公司在美国汽车市场的占有率降为 31.3%；到 1940 年，竟跌至 18.9%，真可谓江河日下。

如果因一时胜利而趾高气扬，漠视其他竞争者，则祸害常会在不自觉中来临。在市场中，没有绝对的赢家，也没有百分之百的输家。因此，团队带领者要懂得骄兵必败这个道理。

第六章　带野心：有野心的团队才有战斗力

有胆有识、敢作敢为，好团队的根性

聪明的人很多，但如果只有聪明而没有胆识，顶多只能成为“英才”，很难取得大的成就。一个人有胆识，其外在表现就是强势、果断、冒险。有胆识才能冒险，能冒险才有可能成就不凡的事业。要成为卓越的领导者，有胆有识、敢作敢为是一种必不可少的根性。

松下电器公司选拔市场策划人才的测试别出心裁。被选拔者是三名新招的员工，公司将对他们例行岗前考核。考核的具体办法如下：

公司将他们从东京送往广岛，让他们在那里生活 1 天，按最低标准给他们每人 1 天的生活费用 2000 日元，最后看他们谁剩的钱多。按照当地的价格，一罐乌龙茶的价格是 300 日元，一听可乐的价格是 200 日元，最便宜的旅馆一夜就需要 2000 日元。也就是说，他们手里的钱仅仅够在旅馆里住一夜，要么就别睡觉，要么就别吃饭，除非他们在天黑之前让这些钱生出更多的钱。而且他们必须单独生存，不能联手合作，更不能给人打工。

第一名员工用500日元买了一副墨镜，用剩下的钱买了一把二手吉他，来到广岛最繁华的地段—新干线售票大厅外的广场上，演起了“盲人卖艺”，半天下来，他的大琴盒里已经是满满的钞票了。

第二名员工则花500日元做了一个大箱子，上写：将核武器赶出地球——纪念广岛灾难40周年暨为加快广岛建设大募捐，也放在这最繁华的广场上。然后用剩下的钱雇了两个中学生做现场宣传讲演，还不到中午，他的大募捐箱就满了。

第三名员工到达目的地后做的第一件事是找了个小餐馆，点了一杯清酒、一份生鱼加一碗米饭，好好地吃了一顿，一下子就消费了1500日元。然后他又钻进一辆被废弃的汽车里美美地睡了一觉……

中午的时候，突然来了一个大胡子稽查员，凶神恶煞般，把第一名员工的大琴盒和第二名员工的募捐箱一并没收了，结果前两位员工想方设法借了点路费、狼狈不堪地返回松下电器公司时，已经是第二天晚上了，看到那位稽查人员也在。原来这个“稽查人员”就是第三名员工，他的袖标、胸卡是用150日元做的，旧玩具手枪和化装用的络腮胡子是花了350日元从一个拾垃圾老人那儿买的。毫无疑问，第三名员工是最终的胜利者。

松下电器公司国际市场营销部总课长宫地孝满对此表示：企业要生存发展，要获得丰厚的利润，不仅仅是会吃市场，最重要的是要任用那些懂得怎样吃掉市场的人。

企业要想在风云变幻的市场中立于不败之地，不仅需要那些能打进市场的头脑灵活的有识之士，而且也需要能抢回市场的敢想敢干的有胆之人。在日趋激烈的市场竞争中，后者的重要性也日益突显。敢于打拼天下才是众多企业迅速崛起的秘密所在。

选拔将才要将胆识作为重要参考标准。因为具备胆识，需要力排众议的时候，就不会瞻前顾后；因为具备胆识，发现百年难得一遇的机会，就不会犹豫不决；因为具备胆识，对已经不能再用的人，就不会一再容忍，徒增困扰；因为具备胆识，应该果断处置的当下，就不会畏首畏尾。培养团队的野心，打造有胆识的将才，整个团队就必能敢打敢冲。

给大家一个兴奋起来的目标

不想当元帅的士兵不是好士兵，人是需要有点野心的，团队也一样，有野心的团队才会拼搏奋进，努力向前，所以，带领团队就要带出团队的野心。

管理大师德鲁克说："每个领导者都必须为自己所领导的组织确定发展目标。"阿里巴巴董事局主席马云说："宋朝的梁山好汉108将，如果他们没有共同的价值观，在梁山打起来就麻烦了。他们有一个共同的价值观就是江湖义气，无论发生什么事都是兄弟。这样的价值观让他们团结一心。108将的使命就是替天行道。但是他们没有一个共同的目标，导致后来宋江认为我应该投降，李逵认为我们打打杀杀挺好的。还有些人认为，衙门不抓他们就很好了，结果到后来崩溃。所以一定要重视目标、使命和价值观。

"一百多年前，GE创业的时候说，要让天下亮起来，所有人都朝着这个方向，做的电灯泡越亮越好。迪士尼要让全世界的人开心起来，拍了这么多电影，就是让你开心，包括员工也开开心心。假设你今后要建立一个公司，一定要有很强的使命感，我自己也是这么多年越来越悟出这个道理。所以，阿里巴巴内部定了一个使命：让天下没有难做的生意，通过互联网，让中小企业做生意变得越来越简单。”

在团队建设中，有人做过一个调查，问团队成员最需要团队领导做什么，70% 以上的人回答——希望团队领导指明目标或方向；而问团队领导最需要团队成员做什么，几乎 80% 的人回答——希望团队成员朝着目标前进。由此可以看出，目标在团队建设中的重要性，它是团队所有人都非常关心的事情。有人说：“没有行动的远见只能是一种梦想，没有远见的行动只能是一种苦役，远见和行动才是世界的希望。”

团队目标是一个有意识地选择并能表达出来的方向，它运用团队成员的才能和能力，促进组织的发展，使团队成员有一种成就感。因此，团队目标表明了团队存在的理由，能够为团队运行过程中的决策提供参照物，同时能成为判断团队进步的可行标准，而且为团队成员提供一个合作和共担责任的焦点。

当年，英国、奥地利两国联军将拿破仑的精锐军队马赛那部包围在意大利的热那亚时，拿破仑·波拿巴彻底被激怒，他在全军面前，掷地有声地说：“我们目前唯一的目标就是击败联军，解救马赛那。”

说起来简单，做起来难。要想打败联军支援马赛那部，首要的任务就必须翻过险峻陡峭、白雪皑皑的阿尔卑斯山。山上积雪很深，几乎没过了士兵们的膝盖，有的地方甚至与士兵的腰身相齐。拿破仑命令军队必须在三天之内赶到山的那面去，但随从的参谋告诉他，翻越这个山需要一周的时间。拿破仑听了，大声地问：“我们的目标是什么？”士兵们回答说："打败联军。"拿破仑又问："我们的目标变了吗？"回答说："没有。"拿破仑说："既然目标没有变，计划就没有变，这不仅是军队的命令，也是我们的目标、我们的使命。"

山高路陡，拿破仑从战马上下来，和士兵们一起艰难地攀登。当英奥联军的将士们吃着烤肉、喝着美酒，他们以为拿破仑将冻死在山上的时候，拿破仑的士兵却悄悄将枪顶在他们的后脑勺上。英奥联军被击败。因为有了明确的目标，拿破仑将行军效率提升了一倍。

沃尔玛在初期就提出具有挑战性的目标："1980 年达成 10 亿销售额。"为了达到目标，沃尔玛靠"Beat Yesterday（超过昨天）"的图表，可以与一个星期以前的、一年以前的成果和今天的成果进行比较。这样就可以使预期的水平线越来越高，激发员工为达到目标而积极向上，持续不断地努力。

鉴别一个人或一个团队是平凡还是一流，就看有没有一个明确的而且是能令大家都兴奋起来的目标。不论是经营小店铺，还是领导大企业，优秀的领导者面对团队成员时，都要明确地提出公司及团队未来的蓝图，让大家都怀有共同的梦想和希望。

没有什么比共同的远景更锐不可当

一个团队带领者的梦想不管如何伟大，假如没有下属的认同与支持，梦想依然只是梦想。领导者要赢得下属的拥戴就要认同下属的感受，找出他们的渴望，引导下属奔向共同理想。一位知名的企业家曾经说过："假如说领导者需要具备什么特殊天赋的话，那就是感受他人目的的能力。领导者只有凭借了解下属、倾听他们、读懂他们、采纳他们的建议，才能够说得出下属的感觉，能够站在他们面前，信心十足地说：‘这就是我所听到的你的愿望，这就是你的需求与抱负，只要你跟着我朝着正确方向走，这一切就都能在我们共同目标的实施中获得实现。’”

多少年来，不论刮风下雨，不论严寒酷暑，每个星期六的早晨7:30，当多数美国人还在梦乡时，在沃尔玛总部，500多名沃尔玛高层管理人员，有的还带着孩子家人，穿着牛仔裤便装，来到并不豪华的沃尔玛会议大厅，参加企业的周末聚会。在“以人为本”的横幅下，500多人为着共有的目的，振臂高呼“沃尔玛”。他们相信沃尔玛精神，为沃尔玛努力工作，不断创造着沃尔玛奇迹。

沃尔玛所谓的以人为本，包含着多层内容。首先是对企业员工的重视和信任。沃尔玛的响亮口号之一是：零售企业大同小异，所不同的是沃尔玛的员工。尽管沃尔玛雇员成千上万，遍布世界各地，企业也造就了多位亿万富翁，但时至今日，企业内各级员工间的关系仍犹如兄弟姐妹。雇员大多都被称为“合伙人”，因为他们几乎都拥有公司的股份，年底根据股份分红，既是雇员，又是雇主。这一制度从最早的老板山姆·沃尔顿开店时就开始实施，他当年采取的与众不同的措施是：同雇员利润共享，把供应商融入沃尔玛。

同雇员利润共享不但体现在共同拥有股份方面，还体现在对企业的管理权和决定权上。沃尔玛分店的部门经理如果看到同样的商品在其他地方价格更便宜，有权立即把自己管辖内的商品价格也降到同样水平甚至更低。更重要的是，部门经理可随时在内部互联网上看到相关商品的同步销售情况，并和过去的数据比较，从而使这些部门经理有权像经营一个独立的专门商店一样随时调整订货，因此大大提高了效率，适应了市场的需要。沃尔玛的库存流量速度是美国零售业平均速度的两倍。

沃尔玛的成功在于其领导者能够深入了解下属的渴望，发掘出企业和员工的共有目的。下放给部门经理管理权和决定权，称大多数员工为“合伙人”以及同雇员利润共享等形式极大地调动了沃尔玛全体员工的积极性。沃尔玛的领导者能够确实感受到他们的员工想要什么、看重什么以及梦想的是什么。然而，对别人的敏感可不是一项普通的技巧，相反，它是领导者的一种相当可贵的能力。它要求领导者能了解、接纳、感受别人，并且愿意倾听他人的心声。

研究表明，比较完美的领导者能善用人类对满足的向往，使得每个人都能了解在创造的过程中自己所扮演的角色，并让他们知道哪里有鱼、到哪里去钓鱼、怎样才能钓到鱼。当领导者清楚地勾画出一个公司共有的远景时，也就使那些要实现它的人变得更为勤奋。换言之，有助于振奋人们的精神。

著名管理咨询专家彼得·德鲁克说过：“一个成功的团队领导者对领导艺术往往有更新更深的领悟。在他们那里，领导才能就是影响力。真正的领导者是能够影响别人，使别人追随自己的人。他能使别人参加进来，跟他一起干。他还能鼓舞周围的人协助他朝着他的理想和目标迈进。”

在现实生活中，人们确实想有所奉献，只要有共同的理由、召唤、任务、目的、展望或远景使他们结合一起，他们就能完成非比寻常的伟业。正如彼得·圣吉在《第五项修炼》书中所说的：“这是人们心中的一股力量，一股不容忽视的力量……几乎没有任何力量，会像共同的远景如此锐不可当。”下属们更愿意追随“能做事”的领导者，而不是那些总是辩解事情为什么不能做的人。优秀的领导者总是能赋予团队以理想，并以此激发团队获得成功。

有挑战，才会有超越

管理大师德鲁克说：工作要能够鼓励及引导个人的成长。因此，团队领导者要善于发挥工作本身的激励作用，以此来激发整个团队。如何实现这一点？那就必须让员工感觉到他们的工作具有挑战性，有挑战才会有超越。

2008 年年底，郎平与土耳其某排球俱乐部签约，出任主教练。郎平在接受采访时说，她来土耳其之前是希望保密的，因为在北京只是她的经纪人与土耳其这边沟通，所以也无法确定自己是不是能签约，想利用一周时间进行考察。

没想到土耳其电信女排俱乐部在网上公布了她要来土耳其的消息，使得她的行程暴露。她在土耳其时间 11 月 28 日晚抵达位于安卡拉的俱乐部，第二天与俱乐部方面进行面谈后感到跟以前经纪人所谈的情况基本相符，而且当时已经进入赛季，俱乐部希望她尽快执教，所以她立即就与该俱乐部签约，正式出任主教练了。

郎平说：“土耳其的排球联赛 10 月就开始了，目前球队的成绩很不理想。我喜欢有挑战性的工作，所以最终决定留下来。”

工作是否具有挑战性，成为许多人选择工作的一个重要标准。

在公司待了已有5年之久的李婷，形容自己的现状是“一潭死水”。薪水也好职位也罢，在短期内都不会有大的变动，工作上也是按部就班。“现在每天都过得没什么生气，基本就是打发日子，我想挪挪窝换个新环境，是不是会有点干劲。”李婷还考虑到，她已经29岁，还没结婚，还有结婚和生子两件大事没落实，这会在一定程度上影响用人单位，因为职场女性普遍在生子后会把重心转移到家庭，自己最多还有个两三年的奋斗时间，有了小家庭后冲劲就会小很多。

最终，为了追求挑战性工作，不想让自己的人生轨迹过早地固定下来，李婷选择了跳槽，希望通过自己的努力使自己的职业发展更上一层楼。

所以作为团队领导者应该看到这种客观现象，精准把握员工的心理，充分调动员工的积极性。团队领导者应该认真思考这个问题：当公司给员工的资源够了，给的待遇够了，给的奖励也够了时，员工还追求什么呢？那就是开展挑战性的工作，实现飞跃式的发展。

调查后发现，在24～30岁的白领群体中，不少职场人在身处稳定环境时，心境反而容易产生变化。“拼死拼活地工作，还不是为了今后能有个稳定的生活，可是一旦这种稳定提前到来，反而有点无法适应，总觉得我还年轻，不甘心就这么不咸不淡地耗着。”多数白领都表达出这样的心声，然而，一旦有挑战性的新选择出现时，他们又很难取舍：“在安逸的环境里待久了，人的顾虑反而越来越多，容易失去在职业‘险境’中的果敢和勇气。”

给员工以挑战性工作，也是本田公司常用的方法之一。在1984年，本田技术研究所曾面临一次倒闭的危机，本田投下巨资增加设备，原本受欢迎的公司的商品销路却大减。种种困难，使本田公司难以负荷。在这种情况下，本田却宣布要参加国际摩托车赛，并宣称要制造一流的摩托车，争取拿世界冠军。

很多人把本田的口号看成是天方夜谭，但是本田的负责人有着自己清晰的目标。他期望这种决策可以激发下属的斗志。有些员工十分同情负责人，认为他是被公司的困境扰得神志不清，才想参加这样的比赛。但是也有一部分员工不这么想，相反，这种宣称使得他们精神振奋，虽然以他们当时的技术来说，还无法同欧洲相比，但是，这种挑战燃起了他们冲天的信心。没有任何人是不可战胜的，只要肯钻研，甘于付出。

本田负责人以身作则，为了研究开发技术，改良摩托车性能，不分昼夜，取消假日，每天都到公司努力工作，或许是他的敬业精神感动了员工，员工们个个精神抖擞，忘我工作，终于如期制造出一流的摩托车参赛，并取得了骄人的战绩，本田公司也因此一举成名。

给员工以挑战性工作，不仅使你的员工在自我挑战中得到成长，更能使企业在员工卓越成长中获得丰厚回报。团队领导者应该在如何激发员工潜能上多琢磨、多下功夫。

向不可能说“不”

当团队成员无法了解到更广阔的发展前景时，不仅会让工作失去重心，而且会感到彷徨失望。作为领导，很容易忽略这一点。而且，如果团队成员不知道事情发展到了哪一步，是很难产生积极做事的心态的。

设定目标是领导者的责任之一，事实上也是首要责任。确立一个明确而具体的目标，让这个目标成为企业所有员工的共同目标，激发每个员工实现此目标的愿望，并紧紧围绕此目标展开工作，不可能就会变成可能，梦想就会变成现实。

福特汽车公司的老板亨利·福特生产他的著名的V-8型引擎时，决定要将8个汽缸铸造成一个整体，并命令他的工程师们设计这种引擎。设计的蓝图是画出来了，但是工程师们经过研究讨论后一致认为，要铸造一个具有8个汽缸的引擎是不可能的。福特却坚持说："无论如何也要设法生产这种引擎！"

工程师们同声回答："这是不可能的。"福特继续命令说："继续去做，直到你们成功为止，不管需要多少时间。"这些工程师只好硬着头皮返回实验室继续去做。如果他们想在福特公司工作，他们只有服从，别无选择，谁让福特是他们的老板呢。

6个月过去了，毫无进展。又6个月过去了，仍旧没有结果。工程师们试尽了各种可能的办法，以执行福特的这一命令，完成任务。但是这件事似乎毫无实现的可想，他们的一致结论是"根本不可能"！在年终时，福特和工程师们进行讨论。工程师们再度告诉他，他们尚未找到执行他命令的方案。

"继续去做，"福特仍固执己见，"我要这种引擎，我一定要得到它。"于是，工程师们继续去做。奇迹出现了，他们找到了诀窍，最终设计制造成了V-8型引擎。

目标会激发活力。领导者就要敢于向不可能说"不"，通过不断制定新的更高的目标来鼓舞士气。领导者必须通过设立一个能够激励人心的目标来让每个员工焕发工作热情，激发新的思考和行为方式为企业创造价值。目标是一个方向舵，它指引着企业发展的方向。

索尼公司开发家用录放像机时就是先给自己的人才寻找目标，然后引导开发。当美国主要的电视台开始使用录像机录制节目时，索尼公司就看好这项新产品，认为完全有希望打入家庭。这种新产品只要从内部结构和外观设计上再进一步加以改良，肯定就会受到千家万户的欢迎。

一个新的目标就这样确立了，公司开发人员又有了努力的方向。他们先研究现有的美国产品，认为这些产品既笨重又昂贵，这是通过研究开发加以改进的具体主攻方向。新的试验样机就这样一台接一台造出来，一台比一台更轻盈、小巧，离目标也越来越贴近。但在感觉上，公司总裁井深大总是觉得没到位。

最后，井深大拿出一本书，放到桌面，对开发人员说，这就是卡式录像带的大小厚薄，但录制时间应该在一小时以上。目标已经非常具体了。开发人员再一次运用已掌握的基础知识，结合应用科学，调动自己的聪明才智，进一步开发自己的创造力，终于成功研制出划时代的Betamax录放像机。

只有当人们明确了自己的行动目标，并把自己的行动与目标不断加以对照，知道自己前进的速度并不断缩小到达目标的距离时，其行动的积极性才能得以持续。因此，领导者应通过正确引导员工，帮助其明确目标任务，让员工在科学的目标诱引下，不断追求更大进步。

用考核来激发团队战斗力

甘于平凡、安于现状，会让团队成为一潭死水，最后丧失竞争力，怎么办？考核！考核不是摆设，不是为了考核而考核，考核的目的在于激发团队工作的野心，增强团队的战斗力和企业的竞争力。因此，考核要适度地让员工感到压力。没有考核压力的员工就会变得懒惰、消极、不思进取，而有考核压力的员工自然会保持负责之心和进取之心。

明朝初年的吏治，在中国历史长河中是典型的清明时期。这与朱元璋的个人经历不无关系，他曾说："朕在民间，常见县官由儒者多迂而废事，由吏者多好而弄法，靡砂不至，遂致君德不宣，政事日坏。加以凶荒，弱者不能聊生，强者起而为盗。"所以他意识到，如果没有清明的吏治、干练的官风，社会就难以安定，自己辛苦打下的江山，难免又要落入异姓之手。

在君主集权体制下，实际上对政治施加影响的是整个朝廷官员班子，只有这个班子时时保持朝气和活力，才能使一个王朝稳步发展。朱元璋为了澄清吏治，采取了不少行之有效的方法。施行对官员的考课制度就是其中重要的一项。

朱元璋亲自制定并颁布了《授职到任须知》，对地方官吏的职责做出明确、详细、具体的规定，把地方的公务分为"祀神""制书榜文""吏典""印信衙门""狱囚""起灭词讼""田粮""仓库""会计粮储""各色课程""鱼湖""金银场""窑冶""盐场""系官房屋""书生员数”“耆宿”“官户”“境内儒者”“好闲不务生理”“犯法民户”等三十一项，逐项开列地方官员应负的责任和应注意的事情。而在某个应注意事项中，他往往还列出许多具体要求，例如“狱囚”，不但要了解已结案件的多少、在押犯人的数字，还要“知人禁年月久近，事体重疑，何者事证明白，何者取法涉轻。明白者，即须归结；涉疑者，更直详审，期在事理狱平，不致冤抑”。

朱元璋把对官吏的考课具体分为考满和考察两种办法。考满是仿照古代所谓“三载考绩、三考黜陟”之制，规定内外官在九年任职期内三年一考，六年再考，九年通考，具备其一，即可升转。考核评语有三种，“称职”、“平常”和“不称职”，据以决定升降。一般降职者少，升迁者多。

考察则分为京察与外察两种。京察即对京官的考核，根据官员的具体表现来决定升降。外察是对外官的考察。1378 年，朱元璋令吏部在殿堂上考核朝觐官的政绩，“称职而无过者为上，赐坐而宴；有过而称职者为中，实而不坐；有过而不称职者，不预宴，序立于门，宴者出，然后退。”此后便成定制。在明初，考察的结果一般都是罢黜多而升迁少，正好可以借机换置新员，令能者上、庸者下。

明初对官员的考课，以及根据考课结果制订的陟罚臧否，调动了官员的积极性，约束了官吏们的行为作风，对明初的吏治清明起到了积极作用。明初的清官最多，有些官员纵使无甚才干也能循规蹈矩，不敢胡作非为。其主要原因就在于朱元璋制订的逐级审查的考课制度。

任何事业的完成，都得益于组织成员的积极性和紧迫感。只有严格的考核，才有正确的评价，才能对下属进行客观的评价。“干和不干一个样，干多干少一个样，干好干坏一个样”的大锅饭思想，是不良组织的最大弊病。只要让员工感到有压力，员工才会积极主动起来。

进步没有上限，拆掉晋升之路的天花板

管理学上有一种“天花板”现象，是说一些人才想顺着职业生涯发展阶梯慢慢往上攀升，当快要接近顶端时，自然而然就会感觉到一层看不见的障碍阻隔在他们上面，所以他们的职位往往只能到某一阶段就不可能再继续上去了。这样的情况就是所谓的玻璃天花板的障碍。

在现代职场中，天花板现象也时有发生。我们经常会听说，某某在外企发展很好，但还是跳槽了，为什么？很可能就是触到了天花板。从企业角度来说，人才的频繁流动对企业的内部管理会造成一个很大压力。要想稳定人心，提高员工对企业的忠诚度，就要完善内部的管理机制。内部机构管理不善，必然会影响人才的稳定性。联想公司深知稳定的人才对组织的重要，公司在为员工的发展前景方面就提供了一个“没有天花板的舞台”。

联想公司将人才训练比喻为蓄水池：第一个是从社会和学校招聘，联想把这个作为蓄水池，为将来后备人才做准备。联想的研发人员都是直接从学校招进来的，员工的平均年龄不到30岁，这也是技术型公司的特点，因为它需要创造力、全身心地投入和工作的激情。

另外还有两个“水池”，一个是员工职业训练，另一个就是干部行政训练。联想的人力资源会对每个岗位和人才进行充分评估，即一个岗位到底需要什么样的能力、要求是什么、这个岗位核心能力是什么。人

才与岗位是否完成匹配，是否人尽其才。针对技术人员流动比较大，对此，联想进行的是职业训练。

联想的措施是根据企业需求，做了六七个等级的序列，然后开始评估，技术人员的问题解决了。这样一来，让员工清楚地明白：如果我不离开，不仅会有可观的经济收入，还有较好的发展平台。因此，有些专家、工程师的收入比经理还高。

干部行政训练是根据岗位的需求，评估现有干部，对干部单独排序，必须分三六九等，要建立干部评选、选拔、任免的标准。不论是干部，还是员工，都有自己的发展空间。

另外，联想公司还在研发职称序列的基础上，全面启动专业序列，实施轮岗工程，建立多种发展途径；能上能下的用人机制，帮助职业上遇到瓶颈的员工找到新的发展道路，让积极奋进的员工有畅通的发展空间；多元化的薪酬制度，优化员工的收入结构，保证员工整体收入的行业竞争力。

公正、合理的人员安排是保留优秀人才的关键。联想以强化干部建班子、带队伍的责任和能力，严格评估其管理绩效。建立并严格执行淘汰机制来保障联想永远拥有和保持业界一流的人才。

因此，联想给员工的发展前景被称作是“没有天花板的舞台”。在联想，只要有能力，年龄绝对不是障碍。据统计，近几年进入联想的应届毕业生中，有10%的人已经进入到管理岗位，还有20%的人被公司评为中级以上技术职称。

联想的不少高级主管都是在几年内提拔起来的，有的甚至一年连升三级，越来越多的年轻人正活跃在新经济的舞台上，联想的年轻不得不令人惊讶，其高级主管的简历资料便是一个最好的证明。

领导者要主动拆掉悬在员工头上的天花板，促使员工积极工作、奋发向上。优秀的团队领导者不只是承诺公司或团队目标的达成，同时也要协助每一个成员实现目标理想，给他们一个实现目标的空间和机会，让团队的目标理想与员工目标相连接，创造双赢的新境界。

“激”起大家的干劲儿来

一个成功的团队领导人，能够满足员工的各种需求，善于用语言和行动激发下属完成任务的热情和信心、勇气和决心，这同样需要高超的技巧。中国有句俗话：“请将不如激将。”激将法，也是其中的技巧之一。

在人才的运用中，如果能够运用巧言激将法，将会收到意想不到的效果。在一定的条件和环境下，当有些人由于遭受挫折、犯了错误而缺乏信心时，为了使之接受上司的意图或意见，而故意用语言贬低他、刺激他，从而激发起他强烈的自尊心。这就是激将法。

使用激将法，一定要注意区分对象，根据性格特征因人施法，犹如对症下药，方能于病有益。否则，只会白费唇舌、枉费心机。巧言激将还要看准时机。出言过早，时机不熟，易使人泄气；出言过迟，又成了“马后炮”。除注意把握时机外，还要注意分寸，运用激将法，不痛不痒的语言犹如隔靴搔痒；但言语过于尖刻，也会使人反感。因而，语言激将要灵活运用。

愚蠢的激将法，往往是用嘲讽、污蔑、轻浮的语言将对方激怒，拼死一搏。一个优秀的领导人所用的激将法是聪明的激将法，他可以运用以下几种策略：

（1）激中有导。面对不同的被激对象，有时简单的否定、贬低收效甚微，还需要“激中有导”，用明确的或诱导性的语言，把对方的热情激发起来。

某班有一差生不但成绩差，而且爱打架。一次，他打了一位同学还洋洋得意，自以为了不起。老师批评他说：“打架算什么英雄，学习超过他，那才是真正的英雄，如果学习上不去，只是四肢发达，空有一身蛮力，那只能是被人耻笑的大狗熊！”那个学生从此发愤学习，在后来两年的学习生涯中，成绩突飞猛进，其道德品质也为人称道，最终成了班里的尖子生。

（2）直接激将。直接激将就是面对面直截了当地刺激对方，激怒他，以使他的自信心激发起来。

某班改选班委干部，实行毛遂自荐的方式进行竞选。成绩和能力都很好的小李是大家公认的最佳班长候选人。然而，不知何故，小李迟疑难决。

在老师的暗示下，同学小张找到他，言辞颇为激烈：“小李，你不是向我说过你有远大的理想吗？同学们都对你寄予厚望，没想到你这么没出息，连个班长的职位都没有信心去竞选，真是丢死人了！”“我丢人？”小李“呼”地一下站了起来，说：“我难道是一个胆小鬼吗？我不信连个班长也当不了？”说完，便冲向老师办公室报名去了。

（3）间接激将。间接激励就是有意识地褒扬第三者，暗中贬低对方，运用人争强好胜的心理，激起他压倒别人、超过别人的强烈愿望。

三国时期，为了联吴抗曹，诸葛亮来到江东，他深知孙权不甘居人之下、轻易不服人的脾性。诸葛亮明知曹军有一百五十万，却对孙权说曹兵一百万，兵多势大，所向披靡。孙权对曹军人数表示怀疑。诸葛亮说："我只讲一百万，怕吓坏你们江东的人呀。"

孙权中计，忙问："那我是战，还是不战？"诸葛亮乘机说："如果东吴人力、物力能与曹操对抗，那就战；如自觉不敌，那就投降！"孙权不服，反问道："依你之言，刘豫州缘何不降呢？"此话正在诸葛亮预料之中，于是进一步激他说：

"田横乃齐国一壮士，尚能坚守气节，何况刘豫州乃皇室之后，盖世英才，众望所归如百川入海，岂能屈膝投降、屈于他人旗下呢？"孙权被激得勃然大怒，发誓要与曹军决一死战。后来经过刘、吴两军的合作，巧用连横之计，终于大败曹军，取得了赤壁之战的胜利。

运用间接激将的方法，在于旁敲侧击，刺中对方不甘落后于他人的自尊心，使他萌发争强好胜之心，从而激发其斗志，提高工作的积极性。

（4）煽情激将法。煽情激将法需要用具体的有感染力的描述，用富有煽动性的语言激起对方心中的激情、热情。所用的可以是严酷的现实，也可以是轻松的远景，不拘一格。

（5）示范激将法。这种方法军事家、政治家可以用，企业领导人同样可以用。

一个工厂的厂长发现必须加班制造一种产品，于是让领班找工人回来加班。领班面有难色，表示有很多困难，厂长没有再说什么，晚上亲自跑到工厂加班，领班听到后，立即找了几个工人将厂长换下来。从此之后，碰到加班的时候，这位领班再也没有讲过价钱。

战场上主帅是不宜亲自出战的。主帅出战则意味着部将无能或失职，这个行动本身就是“激将法”。激将法有智愚高下之分，领导者掌握好其分寸尺度，灵活发挥，机智应用，可以让你在需要员工拿出他们最大的力量拼死效力时，派上绝妙的用场。

（6）对比激将法。对比激将法是借用与第三者（一般来说是强者）对比的反差来激发人的自尊心、好胜心、进取心。用对比法激人，选择对比的对象很重要。一般来说，最好选择被激对象比较熟悉的人，过去情况与他差不多，各方面条件与其差不多的人，而且对比的反差越大，效果越好。

（7）绝路激将法。军事家都懂得一个道理，人到了没有退路的时候，往往特别勇敢。中国历史上破釜沉舟、背水一战而获全胜的战例不胜枚举。如果企业领导人懂得这个道理，在濒临绝境的时候，激励员工背水一战，也可以大获全胜。

俗话说“置之死地而后生”。所以，一个企业领导人若想让一个临死的企业“活”起来，就要想办法让员工们知道自身企业处于“绝地”的处境。

第七章 带欲望：没有欲望何谈业绩

把团队的赚钱欲望激发出来

说到欲望，很多人把它与负面、消极挂钩，其实，欲望无善恶之分，关键在于如何控制。对一个团队来说也是如此，领导者要懂得带领控制团队的欲望，多让下属产生持续改进的欲望、产生挑大梁的欲望、产生赚钱的欲望等等，把团队成员积极的欲望激发起来，那么公司就会得到更好的发展。

对于企业来说，盈利是最主要的。领导者一定要使团队盈利。企业的本质就是盈利，经济效益是企业一切经济活动的根本出发点。获取利润虽然不是企业组织在社会发展中所要履行的唯一任务，但盈利绝对是第一任务。这是因为，无论是企业承担社会责任，还是自身的发展需要，都必须依赖于经济资源的剩余。而这些经济资源的剩余就是企业的利润。因此，团队领导者必须把创造利润放在首位。

1993 年郭士纳就任 IBM 公司董事长和首席执行官。郭士纳的加盟，对 IBM 有着重大的突破意义——他是 IBM 第一次从本公司之外引进最高领导人。当时的 IBM 形势不容乐观，公司的各条战线和各大板块都存在着致命问题。郭士纳上任后采取的第一项措施就是裁员—这就是空降高管的好处，因为是外来者，在公司内部没有枝枝蔓蔓的人际关系，裁起人来毫不手软。

郭士纳在一份备忘录中记载了当时自己出台这项措施的真实心境：我知道你们中的很多人多年来一直效忠于公司，对这个公司有很深的感情，令你们没想到的是，到头来却被公司评价为多余的人，这一定令你们很生气。我知道这对大家来说都是痛苦的，但我深切感到裁员就是公司最希望我干的事情，并且所有人都知道采取这一措施是必要的。

裁员措施与 IBM 一贯坚持的企业文化精神相违背—不解雇是 IBM 企业文化的重要支柱，IBM 的创始人托马斯·沃森及其儿子小沃森认为，不解雇政策可以让每个员工觉得安全可靠。但是，现在郭士纳所采取的政策使公司上下发生了翻天覆地的变化，他总共辞退了至少 35000 名员工。

裁员结束后，他对留下来的员工说：有人对公司怨声载道，要么说自己的薪水太少，要么说自己升迁太慢。我要告诉你们的是，要想涨薪或升职，必须拿出点成绩给我看看，必须为公司创造出能够盈利的效益。能否升职或涨薪，这一切取决于你们自己。

我们必须承认郭士纳的话很有道理以及他的措施是正确的—经过他的整顿和改革，IBM 在短短 6 年内重塑了企业的伟大形象，走上了迅速崛起的复兴之路。郭士纳提醒了我们，虽然盈利是任何企业生存和发展的根本目的，但是促进企业盈利目标的实现，却是公司上下共同的责任。

美国惠普公司创始人比尔·休利特和戴夫·帕卡德强调，只有在员工为公司创造出丰厚利润的条件下，他们的奖金和工作才能得到保障。公司只有实现了盈利，才能把赢得的利润拿出来与员工分享。作为企业组织的一名成员，任何员工都要为公司创造财富，而且要把为公司创造财富当作神圣的天职、光荣的使命。

员工最重要的任务就是为企业赚取最大的利润。这不仅是组织对其成员的要求，也是成员从组织赚取薪水和获利的基础。松下幸之助曾经说过："盈利是整个社会繁荣不可或缺的义务和责任。假如干不能盈利的工作，还不如一开始就不干，也没有必要干，因为干了也没有任何意义。"这就要求组织成员必须把促进组织创造利润作为最大职责。

杜邦集团创始人亨利·杜邦宣称："企业利润高于一切。"所有杜邦家族的男性成员假如在杜邦公司工作一段时间之后被认定为无法为促进公司创造效益提供支持，就会被要求退出企业。在亨利·杜邦眼里，只有家族服务于企业，绝不让企业服务于家族。不能为组织创造利润，那就是组织的累赘，是公司的冗员，为了公司发展的需要，这部分人必须被清理出去。

无论是杜邦，还是IBM，创造利润对于任何公司而言都是一样重要的，都是必须秉承的首要发展原则。而利润的产生必然仰仗组织成员的付出和努力，企业的兴衰成败、收益多少都与成员的努力紧密相连。

当每一名成员都把创造利润作为自己最大职责和神圣使命，并为达成职责和使命创造性地开展工作时，这个组织将会迎来更大的利润和发展空间，组织成员也将获得更大的收入和成就。

分割目标，保持团队持续奋斗的欲望

每个企业都有自己的目标，在带领大家奔向目标的时候一定要注意分割，把大目标分解成一个个可以短期实现的、能看得到的小目标，通过一个个小目标的实现来最终实现大目标。不然，目标太大，大家会容易迷惘，找不到方向，慢慢的失去工作的热情和欲望，所以，领导者要学会分割目标。

约翰是销售部门的领导者，他一直都希望自己的部门成为全公司业绩最好的部门。但是一开始这不过是他的一个愿望，从没真正去争取过。直到一年后的一天，他想起了一句话："如果让愿望更加明确，就会有实现的一天。"

于是，他当晚就开始设定自己希望的部门总业绩，然后再逐渐增加，这里提高5%，那里提高10%，结果顾客却增加了20%，甚至更高。这激发了约翰的热情。从此他要求下属不论碰到什么状况，任何交易，都要设定一个明确的数字作为目标，并在一两个月内完成。

"我觉得，目标越是明确越感到自己对达成目标有股强烈的自信与决心。"约翰说，他的计划里包括部门的总业绩、每个人的总业绩、部门业务能力的拓展计划，然后，他把所需要的资源都准备得充分完善，相关的业界知识加上多方面的努力积累，终于在第一年的年终使部门的业绩创造了空前的记录，以后的年度效果更佳。

约翰在部门总结会上分享自己得出的结论："以前，我不是不曾考虑过要扩展业绩、提升工作成就，但是因为我从来只是想想而已，不曾付诸行动，当然所有的愿望都落空了。自从我明确设立了目标，以及为了切实实现目标而设定具体的数字和期限后，我才真正感觉到，强大的推动力正在鞭策我去达成它。现在，感谢你们，我们一起创造了新的辉煌。”

分割目标实施目标管理，目标卡是一个相当有效、方便的工具。各员工与直属领导者经过多次协调与讨论制定出适当的目标之后，必须将此目标书面化。实施目标管理的部门，对于目标的设定，通常都采用统一规定的目标卡。

虽然各部门之间目标卡的内容与格式未必相同，但若有了统一的表格，就可避免遗漏，使整个部门各成员的目标设定程序趋于一致，并有利于相关性的目标成果的汇编统计。又因表格化以后，可以减少制定目标的文字说明及重复记载，达到简化文书作业的效果。

目标卡类似上级和员工之间决心达成共同目标所订立的“契约”。既然是契约，就必须严谨。把这个严谨性表现在文书上，便是“目标卡”。目标卡等于是“证据文件”。因为是证据文件，所以重要项目不可以漏列。

目标卡应和其他人力资源资料，同时被列为永久保存的资料档案。目标卡要做成两份，领导者和员工各执一份，正本由员工存查，副本交领导者保管。员工和上级的目标卡，需要按期保存下来，以便留下有价值的记录文件。这是员工向什么工作挑战过、取得什么成果的事实依据。

各部门间的目标卡，其设计均不相同，但每个部门内的目标卡形式应统一规定，有利于管理。无论目标卡形式如何，其内容应包括：

项目：按轻重缓急，排列顺序先后，依次填写。

预计成果：将数字用具体的文字写出。

进度：填写执行期间每个月的预先进度，尽可能以数字表示。

措施：为达成目标采取的各种措施，由执行人员协商决定后，具体地逐项列出。

所需条件：为达成目标所需领导者的支援，或其他部门的配合事项。

成果：将实际成果，在期末填记，以利对照评定。

自我检讨：自定的目标，期末要做自我评定，这是目标管理不可或缺的一项。

领导者指导：总评与指示。除员工自行评定、评估外，领导者也要加以评估，作为设定下期目标的主要参考。

清晰地列出每个人所能达到的绩效

带领团队必须知道并深刻了解每个成员的能量，每个团队成员应该达到哪一水平的绩效，并为他在团队中所达成的绩效做出精确的预计。

我们知道，如果期望过高，彼此就会失望；如果期望过低，下属就会产生不被尊重和重视的感觉，也会因为工作没有挑战性而丧失工作激情。清晰列出每人能达到的绩效，他们就会为这个目标全力以赴。

狮子对蚂蚁说：“我希望你今天能带来一克的食物。”

小马在旁边听到很不爽，不服气地问："它的任务怎么那么少？为什么让我带一百斤？"

狮子说："因为你是马，而它是蚂蚁。你的躯体是他的躯体的几千倍。"

团队是能产生聚合力的。一个组织的奋斗目标是团队发展的灵魂，是组织前进的路标。联想集团总裁柳传志曾说："中国有很多优秀的人才。这些人才好比一颗颗珍珠，需要一根线把他们连起来，组成一串美丽的项链。这根线就是企业的共同目标。这个目标能够引导大家为共同的追求去努力。"因此，组织目标必须明确，而且一旦目标确立，组织所有成员的行为都会自觉地围绕"为了达成目标"而进行。

无论是团队目标还是个人绩效目标，都是有力量的，是能够产生动能的，所以，我们时常听到团队成员这样表述：为了达成目标，我愿意付出我所有的精力。一个有着清晰目标的组织必然会有所成就，而目标不清晰的团队必定会一事无成。同样，在有着清晰目标的组织中工作，每个人都会全力以赴去实现最好的绩效。

要想列出每人的绩效水准，就要求组织的目标应该具备可测性。这如同我们到郊外的河流中游泳，如果这个河流的深度不能被我们所带的工具测量，这就会打击游泳技术不好的人的信心；如果我们的身高有一米八，而河水的深度被我们测量出只有一米六，我们的安全感就会上升很多。可测量的目标就是明确、不模棱两可的目标，这也是目标内涵的一部分。也就是说，应该要有一组明确的指标，以作为检查是否达到目标的依据。

要想列出每个人的绩效水准，首先要做到沟通充分。肯斐尔德管理学院在20世纪90年代初期所作的一项调查显示，三分之一的英国经理人不赞同公司的未来形式与方向。这份调查指出，如果要让高层管理团队共同实现公司的长远目标，团队成员间就必须有高品质的对话与信息分享。

然而，很多的领导者都忽略了这一重要环节。尽管大部分有能力的领导者，都知道自己有责任为团队制定目标，也还是有不少团队领导者对如何使目标更清楚明确、如何将目标落实到团队成员的行动中毫无头绪。目标清楚明白，大家才明白团队追寻的方向，才能使团队知道自己的工作进度，才有激发团队成员的热情、好奇心、活力、创造力与能力的原动力。

要想列出每人的绩效水准，还需要在决策时吸引下属参与。团队目标的制定，可以由团队领导者一人负责，也可以由团队成员一起完成，关键是目标的本质。一个鼓舞人心的目标，会把枯燥无聊的统计数据（这些数据通常就是行动目标）转换成振奋人心、激励团队成员投入大量心力与时间的行动力量。一个清楚的目标，能够激发众人的想象力，释放无限的潜力。

具有想象力的目标，对团队成员有着强烈的吸引力，可以要求团队成员全身心投入，一门心思创造出非凡的业绩来，是团队成功的基石。制定目标的团队领导的工作，有时也可以由团队成员共同完成。但无论如何，只要有目标，就有成功的希望。

在促进团队目标转化为执行动能的过程中，团队领袖应注意两个关键问题：帮助成员充分地认知目标；建立科学的绩效管理体系。团队领袖应该尽最大努力帮助成员正确认识团队目标的内涵和实现路径，帮助成员彻底领会行动方案的关键和秘诀，邀请他们参与到目标执行中的程序设计工作，引导他们从被动执行状态转变为主动为自己设定目标的境界。成员一旦有了个人目标，就会产生更大的工作动力。

一个明确的目标会使个体提高绩效水平，也能使团队充满活力。明确的目标可以促进团队的沟通，还有助于团队把自己的精力放在有效的成果上。

给他知遇之恩，他必效命于你

有时候，团队领导者常常会为如何令精英人才最大限度地发挥作用而烦恼。解决它的最好办法就是将表现优异的精英人才提拔上来，把他安排到重要的工作岗位上，这不仅使员工的欲望得到满足，最大限度地调动他的工作积极性，企业也会因为员工欲望的激发而获得更大的收益。

人才是企业的资本，给员工一个知遇之恩，利用欲望来激发员工对工作的热情，并且适时给予训练和晋升，即使是庸碌之才也有不少被造就成才。在日本就有不胜枚举的企业家是因为被领导者适时提拔而跃居重要岗位，然后使自己的才华充分施展出来，把企业推向新的高峰的。

一般来说，获得晋升的人没有不欣喜若狂的。但有许多人常因难以适应突如其来的擢升，感受到无法承担的重大压力。所以，领导者也应先了解被晋升者是否有能力承受压力。

为了确认被晋升者的心态，某位心理学家制定了一项心理测验。

首先，让两个人共同办理一件事情，在事情完成后，给予其中一个大幅度晋升，而给另一个仅少许的报酬，尽管做同样的工作，却故意出现待遇的差别。

最初的实验中显示，得到晋升的人不但自觉“不踏实、有罪恶感”，而且对于领导者有不良的评价。但是，进一步由测谎器的实验却发现，得到晋升的人，不仅没有罪恶感，反而有强烈主动效力于领导者的心态。

总之，人们虽然在心理上对获得晋升有不平衡的感觉，但是，实际上却为自己能受到上司较高的肯定而有满足感，甚至对领导者抱有良好的评价。因此，适度的晋升可以得到对方的向心力。也就是说，给员工一个晋升的机会，不仅能够满足对方的欲望，同时也能获得对方的尊重和爱戴。

所以，领导者应经常提拔人才，得到利益的人由于找到依靠之处和肯定自我，就会逐渐发挥潜力，努力效命于知遇者。

世界著名的施乐公司每年都保持很高的销售业绩，除了以质取胜之外，很大程度都依赖于他们给员工注入的最佳动力一晋升。

施乐公司晋升的标准是将员工分为三类：其中一类是工作模范，能胜任工作和监督工作。凡是被提升到公司最高层前 50 个领导岗位上的人都必须完全是工作的典范。而要想成为较低层次上的经理，则起码必须能胜任工作。至于需要别人督促工作的那一类员工则根本不可能被提升。这样，表现良好的员工就会感到自己能得到迅速的提拔，于是他们会以更高的热情投入到工作中。

谢尔比·卡特就是这样一名员工。他在施乐公司，最初只是一名推销人员，但是他工作积极肯干并善于动脑筋。他每天不停地在外面奔波销售，他的妻子总是在他的车里放上一大罐柠檬，这样他可以吃上一整天，而不必吃午饭。卡特以自己的聪明和勤奋为公司销售了大量的产品，于是他得到了逐步提拔，最终被提升为全国销售经理。

事实证明，他的确是个称职的领导者。卡特最喜欢做的事情之一就是将镶在饰板上的长猎刀奖给那些真正表现杰出的员工。这些猎刀代表着一种晋升神话，得到它比得到奖金更有意义。得到奖励的员工会把猎刀挂在办公室的墙上，所以在施乐公司的办公室里常常会看到这些猎刀。

由于晋升的机会把握在自己的手中，所以施乐的员工充满热情和干劲。即使在街道上散步，他们也会观察两旁的建筑群，思考如何使每一幢建筑里的单位都成为施乐复印机的用户。

就是这样充满趣味的竞争使每一个员工都竭尽全力去为公司打拼，每一个施乐的员工都深爱着自己的公司，公正的晋升制度使他们看到了自己的辛勤劳动付出是值得的，他们认为在这里确实可以实现自己的梦想。

千万不能总让员工原地踏步，特别是对那些能干的员工，应更加信任他们，适时提拔，如果对他们总是半信半疑、不放心，那么给他们的感觉是不信任他，怀疑他的能力，那么他还能尽心竭力地工作吗？

每个人在某个岗位上，都有一个最佳状态时期。有的学者提出了人的能力饱和曲线问题，作为领导者，要经常加强“台阶”考察，研究员工在能力饱和曲线上已经发展到哪个位置了。

一方面，对在现有“台阶”上已经锻炼成熟的员工，要让他们承担难度更大的工作或及时提拔到上级“台阶”上来，为他们提供新的用武之地；对一些特别优秀的员工，要采取“小步快跑”和破格提拔的形式使他们施展才干。

另一方面，经过一段时间的实践后，不适应现有“台阶”锻炼的员工要及时调整到下一级“台阶”去“补课”。如果我们在“台阶”问题上，总是分不清谁优秀谁不称职，不能及时提升那些出色的员工，必然埋没甚至摧残人才。如果该提升的没有提升，不该提升的却提升了，那将为企业带来很大的损失。

对于提拔自己的人，几乎没有谁会不怀感激之心，因此，领导者若是能够将一个出色的员工提拔到重要的岗位上，他在自己的自尊心得到满足，体会到自己的重要性的同时，也必会对赏识他的主管心存好感，积极配合主管的工作。这样，人力资源管理必然会进行得很顺利。

因此，团队领导者一定要关心员工的成长，对他们的工作多鼓励、多支持，并及时给予肯定，使能力突出的人能够到更合适的位置上大胆发挥自己的长处，从而大大提升人才的使用价值。

一荣俱荣，一损俱损

美国石油大王保罗·盖蒂通过其一生的经营生涯，对用人总结出 4 种类型的评价和对策：

第一类，不愿受雇于人，宁愿冒风险创业，自己当老板，因此他们在当雇员时，表现很出色，为日后自我发展积蓄力量。

第二类，虽然他们充满了创意和干劲，但不愿自己创业当老板。

他们较喜欢为别人工作，宁愿从自己出色的表现中分享到所创造的利润。一流的推销员与企业的高级干部均属这类人员。

第三类，不喜欢冒风险，对老板忠心耿耿，认真可靠，满足于薪水生活。他们在安稳的收入之下表现良好，但缺乏前两类人的冒险、进取与独立工作的精神。

第四类，他们对公司的盈亏漠不关心，他们的态度是当一天和尚撞一天钟，凡事能凑合过得去就行了，反正他们关心的只有一件事，那就是按时领到薪水。

保罗·盖蒂认为第一类员工的才干是突出的，能用其所长，避其所短，可以为企业发挥重大作用。

对于第二类员工，是保罗·盖蒂企业的中流砥柱，他以各种办法激励他们努力为本企业效劳，让他们建立牢固的企业归属感。

保罗·盖蒂对第三类员工也十分珍惜爱护，把他们安排在各级部门当副手，逐步提高他们的生活待遇，想方设法稳住这支基本队伍。

对于第四类员工，保罗·盖蒂要求各级管理人员对他们严加管理，促使他们端正态度，为企业发展多出力。

有一次，盖蒂听到下属某家企业的汇报情况，知道该公司很有发展潜力，但营运状况很差，亏损严重。盖蒂经了解后很快找出症结所在，就是这家公司的 3 位高级干部无成本与利润的观念，他们完全属于第四类人物。

为了改变这家公司的现有面貌，盖蒂略施小计。他在发薪之前，特意交代会计部门对那 3 位高级干部的薪水各扣 5 美元。他还吩咐会计部，若那 3 人有异议的话，叫他们直接找老板。

果然不出盖蒂所料，发薪 1 小时内，那 3 人不约而同地跑来找盖蒂理论。盖蒂严肃地对他们说："我已经调查过公司的财务报表，发现上年度有好几笔不必要的开支，造成公司几万美元的损失，但我没有看见你们采取任何补救措施。如今，你们每人的薪水只不过少了 5 美元，却急不可待地要求补救，这是怎么一回事？"

那 3 位高级管理干部无话可答，听完盖蒂这番严厉的教训后，很有感悟。有两位很快研究出加强企业管理的措施，严格了成本与利润的核算观念。另一位没有改进表现，不久便被盖蒂辞退了。

员工如果没有归属团队的欲望，只是把公司当成"混日子"的地方，得过且过，心里头只盘算自己的个人利益，势必会与公司总体发展、长远发展的目标相抵触，有时甚至会阻碍公司向前发展。

只有把员工的切实利益与企业发展的整体利益相挂钩，才能避免出现员工对企业整体利益漠不关心的心理状态。建立与此相应的奖惩机制，企业发展得好，人人都有益处，企业发展得不好，人人都受损失，这样形成员工与企业共存共荣的局面，才能从根本上解决个人利益与整体利益脱钩的状态。

激发工作欲望，末位淘汰是个好办法

在一个团队中，总有两类人：甲类人，能力突出，工作积极努力，为了团队利益来回奔波拼命；乙类人，工作消极，不尽心尽力，在团队利益面前坐享其成。对此，你的态度决定了以后团队发展的道路，如果你没有采取一定的错失而任其自由发展，长此以往，甲类人的积极性必定会慢慢消退，逐渐被同化成乙类人，届时，团队业务处于瘫痪状态，受害的不仅是其单个团队，而且会伤及整个公司的总体利益。

那么，如何保持团队积极主动的工作欲望？末位淘汰是个好办法！

末位淘汰制是指工作单位根据本单位的总体目标和具体目标，结合各个岗位的实际情况，设定一定的考核指标体系，以此指标体系为标准对员工进行考核，根据考核的结果对得分靠后的员工进行淘汰的绩效管理制度。

27 岁那年，格雷格·苏德兰斯被解雇了。刚从大学毕业，他就在芝加哥附近一家卖酒的公司当销售助理。苏德兰斯开着那辆现代“奏鸣曲”汽车整日奔波于 74 号州际公路，把一箱箱酒卖给酒店，每周工作 35 个小时，领着约 4 万美元的年薪。

但不管工作多么拼命，他从未完成过定额。终于，在一个寒风刺骨的夜晚，上司把他叫到了后台办公室。苏德兰斯甚至还未坐下，上司就开始大叫大喊，责备他防碍了经营利润，还对苏德兰斯的职业道德心存怀疑，然后他说：“你被开除了！”

一名主管自始至终保持沉默，等到那位上司说完了，他拍拍苏德兰斯的肩膀，说了几句鼓励的话，然后就叫他走人了。在一起做销售助理的 4 个年轻人当中，苏德兰斯是唯一被解聘的，因为他的业绩太差。

尽管末位淘汰制在管理学界存在很大争议，但现在，欧美大部分企业都已用这种机制来精简人员，中国也有很多企业效仿采用，实践证明其对绩效管理有着明显的提升作用。

佛罗里达的金腰带公司对所有销售人员每 3 个月根据业绩评定，进行一次职位调整，6 名销售副总监业绩最差的一位自动下降为普通业务员，业绩最好的业务员自动上升为副总监。即使降职的副总监与倒数第二位只差一分也有可能被降级。这种制度弄得销售副总监人人自危，每个人都兢兢业业地工作，生怕自己一不留神就会出局。即使是每个赛季销售业绩都在前三名的副总监也时时有被淘汰的危机，因此每个人都不敢放松努力。结果，在实行“末位淘汰制”一年后，该公司的业绩比上年提高了 60%。

身为一家轮胎厂的老板巴辛从报纸上看到“末位淘汰制”的报道后，深受启发，他认为这种“末位淘汰制”起到了鼓励先进、鞭策后进的积极作用。于是，他决定将这一方法借鉴到自己企业的管理中。第二天，他在公司部门经理会上宣布：“本公司将全面推行‘末位淘汰制’，我所说的‘末位淘汰制’的具体内容就是：公司授权你们在座的各位部门经理，在年底之前，对你们的下属员工进行全面考核、打分、排名次；然后，各部门要根据考核后排好的名次，辞退掉名次排在末位的两名员工。”

命令一下，原本如一潭死水的公司顿时沸腾了，为了避免让自己被解聘，所有的人都拼上了全力，也正因此，使得巴辛原本已陷入危机的轮胎厂重又充满了活力，快速发展起来。

比尔·盖茨在微软公司内部推行了“达尔文主义”，向能够提供高生产效率的员工提供高额的薪水。员工的提拔升迁完全取决于个人成就。同时微软公司采取严酷的定期淘汰制度，每半年考评一次，并且淘汰 5% 的员工。正因为以上种种措施，微软公司才能在 20 多年的激烈市场竞争中处于不败之地。

由此可见，“末位淘汰制”可以刺激员工产生最优秀的业绩，它是员工从“要我做”变成“我要做”的动力，它把一股鲜活的力量注入了企业内部，让员工能够保持很高的工作效率，同时还把那些不合适企业环境、缺少工作能力的、影响企业效益的员工淘汰下去，不但精简了员工队伍，使企业的负担大大减轻，还使以后的各项措施得以更好地实施。

企业不是慈善机构，而是需要效率及效益，实行“末位淘汰制”，将企业冗员、不适合岗位要求的人员以及损害企业利益的人清除出去，是保持企业效率、保障企业利益的必要手段，否则员工没有压力，可能会变得越来越难管理。所以，尽管这看上去有些残酷，却是推动企业快速向前发展、不断提高效益的有效途径。

精神激励，产生追求成功的欲望

给员工精神激励，他们就有追求成功的欲望。精神激励是从员工的精神需要出发，通过关心、尊重、信任、树立目标等手段去满足员工各种精神上的需求，从而激发员工的工作热情，达到激励的效果。

比尔·盖茨很看重对员工进行精神奖励。虽然在有些讨论会上他会像孩子一样大喊大叫，不停地晃动身体，挥舞手臂，甚至会说：“这是我听到的最愚蠢的事情！”但是微软员工都知道，对付他的最好办法是对他吼回去，针尖对麦芒似的争论往往能激发双方的思路，说不定他最后会露出欣赏和赞许的笑容。对真正的好创意和产品，比尔·盖茨从不吝啬自己的赞美之词，整个微软公司也有一套完善的精神奖励制度，否则工作压力如此巨大的微软怎么会成为青年才俊们向往的地方呢。

微软（中国）是怎么做的呢？在满足物质需求的同时，人们还需要满足精神需求。微软每年都会在全球的5万名员工中评选出30～40名杰出贡献奖，这个奖项对每一个普通员工来说都是平等的。微软（中国）公司相对于总部又增设了三个奖项：总裁奖，由总裁本人评选；年度杰出贡献奖，由整个管理团队选出；优秀员工奖，由所有员工无记名投票评选。每半年评一次，每次大约评出15名。微软（中国）负责人说："我们增加这三个奖，是因为看到中国的员工特别在乎精神方面的奖励，这和我们的文化观念直接相关。"

令人惊讶的是，最受欢迎和最被看重的既不是总裁奖，也不是年度杰出贡献奖，而是优秀员工奖。获奖者中既有做事很公正、很关心下属的副总经理，也有做出了工作成绩又很乐于无私帮助同事的一般员工。因为前两个奖纯粹看销售业绩或者其他的贡献，是大家有目共睹的，事先对结果多少都能感觉到；而后者必须要得到公司上下的一致认可，的确很不容易，也很难预测，所以大家都将之视为至高无上的荣誉。

通过物质与精神奖励的双管齐下，平衡了付出和回报的关系，让员工感觉到自己所得到的各方面待遇都是公平的，达到了最起码的满意状态。而对好员工，比尔·盖茨总是真心挽留，让他们在同事面前获得了一份尊严。

微软公司在阿尔伯克基时曾经雇请过一名秘书——米丽亚姆·卢宝。1978年，比尔·盖茨决定把公司迁回老家西雅图，大部分员工都随比尔·盖茨去了新址，卢宝却没有去。虽然她舍不得这个公司，但是她丈夫的工作在阿尔伯克基，她无法离开自己的家。临别时，比尔·盖茨希望她能尽快去西雅图，并且对她说："我知道你最终还会回来。

只要你回来，我这里永远会有你的工作位置。”

1980 年冬天，卢宝果然来到西雅图，又回到了微软公司。不久，她把她的家也搬来了。她眷恋微软公司，她告诉人们：“只要你同比尔·盖茨密切合作过，就不可能离开他这样的人太久。他有一种力量，叫人受到鼓舞，能使人奋发向上。”她重新投入到了微软公司紧张的工作中。

人不仅仅围绕物质利益生活，每个人都有精神需求，有情感上的需要。注重精神激励，往往会取得物质激励所难以达到的效果。关注精神需求，将会得到员工对团队更强烈的热爱。

成功与否，都无须责罚

一个优秀的团队，并不是简单的员工的集合体，而是通过团队的规则与精神，将每一个团队成员的优势与能力充分合理地凝聚在一起，形成 1+1 ＞ 2 的效果，来壮大团队的力量。每个成员都要尽最大努力为团队贡献力量，形成一种归属团队的欲望。

一个团队里聚集着一群有信念、有能力，为了共同的目标共同奋斗、互相支持的人。然而，金无足赤，人无完人，在团队协作中难免会有一些人犯一些错误，但只要是为了整体的利益，犯的错误再大，纵然失败也无须责罚。甚至有些时候还应该给那些诚心、大公无私的奉献者以适当的奖励，这样才会给团队这个整体以强大而持久的力量。

《西游记》中的猪八戒在他们这个团队里是一个不稳定因素：他能力不强，没有大师兄孙悟空的高超本领，也没有沙和尚的憨厚老实，甚至有些时候还起一些歪心思，要回高老庄。

但是他对团队成员有着难以割舍的深厚感情，取经路上也是任劳任怨，面对妖怪也不退缩，为救师傅也敢于与妖怪拼命，为了整个团队奉献自己的力量，为取到真经做出了巨大贡献。所以，尽管他的慵懒有时会给团队带来失败，甚至师傅被捉走，然而领导者唐三藏从来不责罚他，因为他知道，猪八戒也是为了他们的取经大任而奋斗。

在现代企业中，许多问题的解决需要团队整体的力量，任何个人的力量都是不可能完成的，这就需要把团队里每个人的知识与能力凝聚起来，这个整体的综合知识与能力是超越于每一个个体之上的，这个综合的整体是承担每一个个体不能够完成的艰巨任务的主体。中国有句古话叫“三个臭皮匠赛过诸葛亮”，这就是表述的一个团队的力量，并不是说三个臭皮匠凑在一起，其智慧就胜过诸葛亮了。对于一个团队，人多并不一定力量大，关键是看成员之间够不够团结、有没有奉献精神。对于有奉献精神的队员，无论成败都应该得到褒奖的。

在一次奥运会的马拉松比赛中，各个选手都顺利地完成了比赛后，人们发现坦桑尼亚选手艾克瓦里仍然坚持着，吃力地奔跑在奥运体育场的赛道上。

前三名获胜者的颁奖礼早已经结束，艾克瓦里却还在跑着，他是最后一个抵达终点的选手。此时他的双腿已经是沾满血污，但他没有放弃，还是忍着伤痛，努力跑到了终点。

有位记者等在终点线问他：“比赛不是已经结束了吗？你为什么还要跑到终点啊？”

艾克瓦里气喘吁吁地回答道：“我的国家送我来这里，不是叫我只是起跑的，而是派我来完成这场比赛的。”

在团队中，大家的地位是平等的，没有主次及高低贵贱之分的。只有大家在团队共同目标及组织原则基础上，精诚团结、相互协作、共同努力，团队的目标才可能实现。只有在团队共同目标实现的情况下，作为团队成员的每一个人的价值才能实现。也只有做到这一点，才能打造出一个真正的无敌团队。团队的核心是共同奉献，这种奉献精神可以调动团队成员的所有资源和才智，并且会自动地驱除所有不和谐和不公正的现象，同时会给那些自觉自愿的奉献者以回报。

商场如战场，战场上的“胜败乃兵家常事”的说法，同样适用于商战。而一个团队如果因为某个为了大家理想大公无私、默默奉献的队员的一时疏忽或是失策而导致计划的失败，就受到惩罚的话，那寒心的不光是这位被惩罚的队员，团队的其他人员也会失去对团队的归属感，从而导致以后在做事的过程中愈加保守，做事不积极。对自己的团队失去了信任，冲突是没有了，但也没有了好的建议，更没有了行动，最终导致的不是一个计划的失败，而将是一个团队的失败。

由此可见，一个优秀团队的形成需要团队中每一个成员的努力。在一个优秀的团队中，每一个成员都是不可缺少的主要战斗力量。他们都为了整体利益而奋不顾身地投入战斗。无论成功和失败都无须受到责罚。只要是全心全意为了整体利益而奋斗的，都是应该得到欣赏的。懂得欣赏，就能激发队员的斗志和潜力，这样更能激发那些自以为是，由于自己的原因而导致失败的队员会更加努力，知耻后勇，时刻想着奉献，团队也会越来越强大。

第八章　带状态：有状态，才有竞争力

把关注的目光投在员工的态度上

很多成功的企业家都非常重视员工的工作态度，NTL 公司总裁罗伯特·威尔兹说过："在公司里，员工与员工之间在竞争智慧和能力的同时，也在竞争态度。一个人的态度直接决定了他的行为，决定了他对待工作是尽心尽力还是敷衍了事，是安于现状还是积极进取。"

GE 公司前 CEO 杰克·韦尔奇说过："在工作中，每个人都应该发挥自己最大的潜能，努力地工作而不是浪费时间寻找借口。要知道，公司安排你这个职位，是为了解决问题，而不是听你关于困难的长篇累牍的分析。"

微软公司董事长比尔·盖茨也说过："如果只把工作当作一件差事，或者只将目光停留在工作本身，那么即使是从事你最喜欢的工作，你依然无法持久地保持对工作的激情。但如果把工作当作一项事业来看待，情况就会完全不同。"

其实，不管是公司还是企业，都不能容忍缺乏干劲，缺乏工作热情的员工存在。对于工作态度这一点，日本经济界泰斗土光敏夫有着独到的见解。从他长年从事的经营管理工作中他深刻地体会到："人们能力的高低强弱之差固然是不能否定的，但这绝不是人们工作好坏的关键，而工作好坏的关键在于他有没有干好工作的强烈欲望。"

有这样一个例子：美西战争发生后，美国必须马上跟古巴的起义军首领加西亚将军取得联系。但是没有人知道加西亚将军的确切地点，所以无法写信或打电话给他。但美国人必须尽快地获得他的合作。就在美国人不知道该如何是好的时候，有人对美国总统说："我知道有一个叫罗文的人，他会有办法找到加西亚，也只有他才能找到加西亚。"

于是，万般无奈下他们把罗文找来，把写给加西亚的信交给了他。那个名叫罗文的人拿了信，把它装在一个油布制的口袋里，封好，吊在胸口，然后划着一艘小船就去找加西亚了。经过很多艰难险阻，四天之后的一个夜里罗文在古巴上岸，消逝在了丛林中。接下来的三个星期他又遇到了很多困难，但是凭借着坚定的信念和敬业精神，他终于冲破重重危险，从古巴岛那一边走了出来，又徒步走过危机四伏的国家，把那封信交到了加西亚手里。

罗文送的不只是一封信，而是关系到美利坚的命运，牵扯到整个民族的希望。罗文的传奇故事之所以在全世界广为流传，主要在于它倡导了一种伟大的精神、人性中光辉的一面：忠诚、勤奋、敬业。

罗文的勤奋、忠诚、敬业精神其实都是现实中工作态度问题。有一位著名管理学者总结出这样一个公式：一个人的工作绩效＝工作态度 × 工作能力。因为公司既然招聘了你，那说明你是有能力的，所以在这个公式里工作能力是恒大于零的。至于工作态度我们可以把它分为积极、消极、负面三种，在这个公式中我们可以分别把它定义成不同的值，积极的态度是大于零，消极为等于零，负面的态度小于零。把这些值套进上述公式，就很容易发现工作的态度与一个人的工作绩效有多么紧密的联系。

我们常说“态度决定一切”。如果一个人工作态度不端正，不自我反省，缺乏责任心，那么他无论如何也不会成功。个人的成功需要一种全心全意地敬业精神，企业发展也需要有敬业精神的员工。所以，在带团队时，把工作态度纳入考核之中是非常必要的。

营造危机感，调整团队状态的良策

每个领导都希望自己的员工充满干劲，努力工作，但并不是每个人都能随心所愿。从心理学角度讲，命令不如引导，引导不如让他们自己发现危机。然而，很多领导不懂这个道理，只是用命令的方式让员工听命自己，以为这样够强势，是最好的办法，其实这是效果最差的做法。

一般来说，依靠大量的工作、用权力压着他们做，会让团队陷入疲惫，同时也容易激起员工的反抗情绪，这样不仅没有实现自己的目的，反而适得其反。而用利益去激励员工，他们自然会有干劲，但这也并不是最好的办法，最好的是让他们有危机感。

当然，让员工有危机感，并不是让领导者在公司内部制造危机感，与身边人竞争的意识越强烈，团队就越不稳定。所以这样做的公司，一般来说虽然员工们也很努力，但缺少团结奋进的氛围。而在这点上，阿里巴巴创始人马云的做法就很高明，我们来看看他是如果跟员工说的，而他的这番话又会起到什么样的效果。

“我们的对手是世界一流的对手，谷歌是1300多亿美金的公司，拔一根毛出来不知道多少公司被打下来。我们中午在开会，英文站点技术人员才18个人，18个人在扛着谷歌这样的对手。

“我们要求公司各个部门给英文站点提供强有力的支持，因为65%营业额来自B2B，是这18个工程师在扛着。我们处在危机当中，必须在两三个月以内彻底扭转这个局面。阿里软件、淘宝、支付宝、雅虎中国，我们要抽调优秀的工程师到这个团队里面，特别是阿里软件，有多少工程师，举手给我看看？今天B2B老大第一个站到拳击台上，对不对？这是真正世界性的拳击台，我们马上要上场了。

“我们要配置好优秀的人才，要配置好优秀的肌肉，拳击套、牙套要戴好。阿里软件，抽你们的人，别说不。我们今天需要志愿兵一样跨过去，淘宝、支付宝、雅虎，全部要有这样的心态。我们今天全力以赴派第一批志愿军进入到B2B，为我们的国际网站。

“明枪暗箭越来越多，QQ的实力大家都知道，百度的实力你们也知道，谷歌的实力也知道。阿里巴巴是强大，但我们对手也是世界一流、中国一流。QQ应该讲是世界一流吧，IM（即时通讯）谁玩得过它，谷歌是世界一流，百度股票涨到200多美金。告诉大家，碰上优秀的对手，首先你很幸运。淘宝很运气，阿里集团很运气，我们今天碰到的对手是世界一流的对手，我们要学习他们、超越他们。

“而且我想告诉大家，我们的模式并不比他们差。我认为电子商务和互联网最强大的两大模式，第一个是门户，第二个是搜索引擎。到目前为止，真正Web2.0商业模式运用最好的，不是靠广告，而是靠交易赚钱，就是eBay和淘宝。”

马云不但给员工制造了危机感，而且激励起公司所有员工们的豪情，更是有利于大家团结成一股力量，劲都往一处使。所谓当一群羊不团结的时候，最好的办法不是给他们制定制度，而是在他们的周围放一匹狼，就是这个意思。

短短一席话，便营造了一种紧张的氛围，让员工有了上进的精神。确实，大家听了这番话后，想的更多的就是，虽然我们的对手很强，但我们也不弱，既然大家都是强者，那么就放手做一次，比个高低吧！这样，团队的积极状态就瞬间被激发出来了。

引爆激情，让团队成员跑起来

一个团队的状态直接关系着团队功能的发挥，业绩的提升，懒散、漫不经心，消极、被动接受，等等，这样的状态也会让团队变成一盘散沙。著名管理顾问尼尔森认为，未来企业经营的重要趋势之一，即是领导者不能再如过去一般扮演权威角色，而必须设法以更有效的方法间接引爆员工的潜力，才能创造企业最高效益。

调整好团队的状态，让团队成员跑起来，尤其是面对那些自觉性比较差的员工，一味地为其创造良好的软环境，对其不会产生丝毫的帮助。相反，应该让他感受到激励，这样才能激发他们成长的动力。

大家都听说过“望梅止渴”的典故：三国时曹操征张绣，行军时很长一段时间都找不到水喝，在大军军心动摇、疲惫不堪之时，曹操告诉他的军队，在前方不远处有一片梅林，到那就可以吃梅子止渴。大家一听，士气为之一振，结果既找到了水源，又完成了行军任务！

在一个团队中，即便是自觉性强的员工也有满足、停滞、消沉的时候，也有依赖性。偶尔利用你的权威及时制止他们消极散漫的心态，帮助他们认清自我，激发他们发挥出自身的潜力，重新激发新的工作斗志。

曾经有一个男孩问迪士尼创办人华特："你画米老鼠吗？"听到这个问题，华特明确地回答："不，不是我。""那么你负责想所有的笑话和点子吗？"小男孩追问。"没有。这也不是我的工作。"华特接着回答。男孩百思不得其解，又问："迪士尼先生，你到底都做些什么啊？"华特笑了笑回答："我就是一个充气筒，给每个人打打气，我猜，这就是我的工作。"

华特揭示了团队领导者的真正角色：教练、老师，也可能是班长。团队领导者要能激励员工士气，传授员工经验，解决员工的问题，能令员工折服，必要时还得自己跳下来打仗。要让"有能力、有意愿"的人，死心塌地跟着主管打拼，并且激励"有能力、没意愿"的成员、提升"有意愿、没能力"的成员，这是团队领导者最大的挑战。建立一个成功的团队是团队领导者的核心职能。建立成功的团队，就需要领导者推动团队成员共同进步。

张一凡的经验就是，以自己为榜样，促进集体进步。2002 年，张一凡只是某百货公司一名普通的采购员。当时，百货公司员工经常可以看到他拎着重达几十公斤的物品送到食堂；为节省企业开支，负责公司采购的他经常利用上班前的时间自行到菜市场为食堂采购原料，为了价廉物美，他总是不辞辛苦，货比三家；出现急需物品，他总是随叫随到。

他的表现领导看在眼里，当年他就被评为公司优秀员工，并提拔为采购部经理。优秀员工的评选，公司领导人寄予这样的期望：通过挖掘普通职工身上的闪光点，用员工身边的先进典型事迹鞭策员工，弘扬勇于挑战自我、勇于战胜困难、敢于迎难而上的企业精神。在张一凡的带领下，采购部成为公司内最优秀的部门。

张一凡的事例说明了身教大于言传。示范和榜样的力量是无穷的，但是很多领导者很困惑：我在处处传帮带呀，为什么部下的效率却越来越差？需要领导者反省的是，因为你的榜样已经演变成了事必躬亲，时间长了，什么事情你都干了，下属自然轻松地等着你来干。

身教并不是自己一直要带着干下去，是阶段性的和指导性的。只有在有新工作时才需要加以示范、引导。在多数工作时间里，需要下属自主完成。通过亲身实践，他们才能成长。在员工提升能力过程中，团队领导者的主要工作就是推动他们，让他们跑起来。只有他们跑起来，企业的发展速度才能高起来。

恩威并施，让桀骜不驯者收敛

作为一个团队领导者，应该让下属对自己有所畏惧，因为这样能够使他们服从管理。有些自恃有一定专长，或自恃短期内很难找人替代的员工，往往难以管束，视企业规章如无物。对于这种员工，领导者一定要实施严格管理，让其知过而改。

作为团队的领导者，也许每个人都希望拥有孙悟空那样的员工，因为他能为你披荆斩棘，让你的事业在激烈的市场竞争中始终技胜一筹。然而，如果孙悟空真的在你身边，你又不得不忧虑，因为他桀骜不驯，很难与其他员工和谐相处，又过于情绪化，偶尔再踢翻个炼丹炉，弄出一座火焰山，反而成了你前进的阻碍。

像孙悟空这样同时具有惊人创造力与惊人破坏力的员工，既然舍不得他，那么该如何降伏他，让他乖乖听话呢？这个时候，对他进行适时的威慑，让他产生一些畏惧感，不失为一个好方法。

北京某名牌高校计算机专业毕业的林申苏具有非常强的专业技能，当初某知名 IT 公司也是看中了他的专业和才华才把他强力争取过来的。但是林申苏为人一向清高桀骜，自恃有着高于常人的才华，来到公司不久，就处处与自己的部门经理对着干。公司发现这种情况后，决定采取措施。恰好这时接到一个单子，要为某公司开发一套系统集成软件。这是一项非常艰巨的任务，因为涉及业务上的一个难题。当时公司就决定让林申苏作为核心成员来负责这个项目，部门经理帮他做一些相关的沟通和协调工作。

工作开始进行时，林申苏处处不把部门经理放在眼里，不仅不与他好好配合，还处处刁难。公司鉴于这种情况，决定给予林申苏一次严厉的警告，并把他从核心成员的位置上撤了下来，让该项目组的另一位成员来负责。至于林申苏呢，只能做一些辅助性的工作，并且必须严格服从项目负责人和部门经理的工作要求。

对此，林申苏非常不服，但又不想离开工作条件如此完善的公司，只能默默地听从公司的安排，气焰也随之消减了许多。部门经理把这一切都看在了眼里，主动约林申苏进行沟通。经过与部门经理的一番沟通，林申苏才意识到了自己的错误。公司人才济济，绝对不缺少自己一个人才，之所以不把自己辞掉，是念及自己的才华。想到这里，林申苏有些后怕，幸亏公司只是给自己一个处罚而没有将自己辞掉，否则，就失去了一个难得的发展平台。

经过这次事件后，林申苏的工作态度开始谨慎、谦和起来，工作业绩也得到了很快的提升，不久后就开始独立负责公司的重要项目，为公司的发展做出了许多成绩。

每个领导者都希望手下有几个干将，可以放心地把工作交给他们。但是总有一些有业绩、有能力的干将，自恃学历高、工作能力强，在领导者面前狂傲不羁，不遵守企业制度和纪律，甚至在公开场合顶撞领导者，戏谑其他同事。这些员工对企业的管理工作造成了很大的负面影响。

如何才能管理好桀骜不驯的能人，是每位领导者很费脑筋的问题。领导者太柔，则员工易骄，难以控制；领导者太强硬，则员工易怨，凝聚力不足。这个时候领导者可以借鉴刘邦治萧何的方法，不时地给他们一些下马威，让他们从心里对你产生一丝畏惧感，这样就可以让他们收敛一下。只有恩威并施，方能御人于股掌之中。

目标＋实干，才能成就希望

给团队成员确立目标可以很好的调整团队的状态。一个企业家说过，确立目标有令人意想不到的奇效，它会引导下属走向他们想达到的目标。帮助员工树立目标，能够使员工自动自发地去做应该做的事。英国一家教堂墙上有一块碑文，上面写道："干活如果没有目标就会枯燥乏味；有目标而没有实干只是一个空想；有目标再加实干就成了世界的希望。"

目标对于团队发展非常重要。有效的团队必须具有一个大家共同追求的、有意义的目标。由于它的存在，使员工认识到这是"我们的团队"，而不是"他们的团队"，而且知道"我们要创造什么"，从而能够为团队成员指引方向，提供推动力，让团队成员愿意为它贡献力量。

阿里巴巴董事局主席马云就是一个善于利用目标来激励员工的领导者。2002 年底，互联网冬天刚过，马云提出，阿里巴巴 2003 年将实现盈利 1 亿元，这在当时是不可思议的，但事实上，阿里巴巴实现了这个目标。在 2003 年年终会议上，马云又开始梦想，他提出，2004 年实现每天利润 100 万，2005 年实现每天缴税 100 万。这些目标都实现了。

每一个目标的提出，都为阿里巴巴下一阶段的发展指明了方向。马云就像一个神奇的造梦者，每一个当初看似不可能实现的梦想后来都一一变成了现实。随着阿里巴巴的快速发展，后来，马云又提出打造能活 102 年的企业、创造 100 万个就业机会、10 年内把阿里巴巴打造成为世界三大互联网公司之一和世界500强企业之一、淘宝网交易总额超过沃尔玛等目标。这些目标在提出时看似过于宏伟，其实都是马云的精心设计。试想，如果马云不能给予阿里巴巴这些清晰的目标，阿里巴巴该如何保持雄心？正是由于这些目标的清晰存在，使得阿里巴巴团队齐心协力，朝着既定的目标奋发前进。

马斯洛晚年从事出色团队的研究，结果发现它们最显著的特征就是具有共同的目标。他观察到：一个出色的团队，任务与员工本身已无法分开，或者应该说，当个人强烈认同这个任务时，定义这个人真正的自我，必须将他的任务包含在内。因此，领导者如果想让自己的下属积极高效地投入工作，就应当帮助下属确定工作目标，为他们构筑一个充满刺激而又富有吸引力的未来。

但领导者应当注意，下属的目标不可强行制定，最理想的方式是以整体目标为依据，由下属在一定范围内自行决定目标。因此，领导者首先必须对下属详细说明整体目标的前瞻性与妥当性，以此为基础，再促使下属根据自己的能力与意愿建立个人目标。

这样做的目的就是强调目标的现实性。不管是多伟大的目标，不将事实等列入考虑，最后仍是美梦一场。必须将过去的实力与未来的展望等作全盘性的考虑，再制定一个具体的、力所能及的目标。把广泛的方向性的团队目标转为可以衡量的、具体的；现实可行的具体目标，是团队要使共同目标对其成员产生意义的最重要的一步。也只有这样，目标才有意义。

那么，领导者该如何帮助下属确定具体的目标呢？著名效率管理大师查尔斯·菲尔德认为，每一个具体目标的确定，都必须符合SMART

的要求，S 即 specific，具体的；M 即 measurable，可测量的；A 即 achievement，可实现的；R 即 realistic，现实的；T 即 time bound，时间限制性。各取第一个英文字母，组合在一起，就构成了 SMART。

确立了具体目标之后，接下来的工作就是要建立完成目标的计划。一个成功的计划可以保证企业各项业务活动更加有效地运行。我们在制订计划时应当尽可能详尽地指出实现目标所需的时期、场所、理由、方法、费用等要素。如果此等要素不完备，无论建立多少计划，都无法完成目标。

我们在制订计划时，应当严禁凭空臆测或是感情用事。应当尽可能以客观、充分有效的资料为基础，以科学、合理的方法制订完整的计划。通常，制订一个科学可行的计划应当掌握下述 4 种必要的资料：过去的业绩（包括企业整体、组织、个人的业绩）；业界的动向与发展；未来社会与企业的变动预测；企业、组织的各项计划与方针。

工作计划成为习惯才能实现卓越。工作计划只有中、长期是不够的，同时还要有每月、每周、每日的短期、超短期的计划。平常即让下属养成建立工作计划的习惯，于月底或是周末建立下个月、下周的行动计划。加强对下属的工作计划管理，是提高其工作绩效的有效方法之一。

但需要提醒领导者的是，无论是目标或计划，在帮助下属制订时都需要领导者的指导，但是不要忘了，仍需要下属亲自动手去做，领导者只是扮演辅助的角色，万万不可“喧宾夺主”。否则员工的参与感就会丧失，工作积极性就难以调动起来，结果事与愿违。

适时赞扬，及时感谢

有时候，仅靠稳定的福利、优厚的薪金，企业很难使员工为企业勤恳工作。只有想办法让员工更加热爱工作，在工作岗位上越做越开心，才能很好地发展下去。我们很难想象，一个对工作兴趣淡薄的人会全身心地投入工作，更好地发挥想象力和创造力，取得很好的工作效果。作为企业管理人员，能让员工快乐地工作、从快乐中迸发热情和灵感，并且在工作中享受愉悦和满足是他们的终极目标，也是所有人的理想蓝图。只有员工获得不断努力认真工作的力量源泉，公司的目标才能实现“共赢”，自然水到渠成。但是假如员工在长期平淡无奇的工作中产生了厌职、松懈情绪，根源就在于团队领导者的管理机制和管理方法出了问题。

让员工爱上自己的工作，充分享受工作中的快乐，是成功管理一个企业的关键。全球著名的500强企业之一，美国天然气与电力公司的创建者、前首席执行官丹尼斯·巴奇，通过自己写的《快乐地工作》一书，阐述了个人独到的见解。

丹尼斯·巴奇出生于美国华盛顿地区，毕业于著名的哈佛商学院。1981年，丹尼斯·巴奇与人合伙创建了美国天然气与电力公司，并在1994年到2002年期间，担任公司董事长及首席执行官。至今为止，公司在全球31个国家拥有4万名员工，公司的年营业收入已超过86亿美元。其成功的奥秘就在于，善于鼓舞员工士气，适时给予夸奖。

丹尼斯·巴奇认为，作为团队领导者，必须对为自己服务的员工满怀爱心，要善于鼓舞员工的士气，适时给员工以赞扬，在员工做出成绩后向员工公开地、及时地表示感谢，也要定期组织一些联欢活动，使员工们品尝成功的喜悦。因为在关爱员工的过程中，经常需要放弃自己的个人休息时间，所以对领导者本人，这可能是一种牺牲，但这也是上司的责任之一。

有这样一个故事：很久以前有一个富翁要去世了，临死之前他准备分财产，看着两个儿子，富翁出了一道题，并说："你们俩谁答对了，财产就归谁。"两个儿子听后摩拳擦掌，迫不及待的等着父亲的题目。见儿子们注意力很集中，富翁说道："我的题目是，怎样让狗爱吃辣椒？"大儿子听完，马上不假思索地说："这还不简单？抓住狗，把它的嘴掰开，塞进辣椒就可以了！"富翁听完摇了摇头说："不能这样做啊，决不能使用暴力，要知道'暴力越重反抗越深'，你就不怕狗反过来咬你一口吗？"二儿子想了想说："我把辣椒弄碎，包在肉里面，狗喜欢吃肉，这样就吃辣椒了。"富翁听了脸上有了笑意，说道："你说的方法不错，但是，狗只会上当受骗一次，还会受骗第二次吗？况且用欺骗的手段，也不是长久之计啊！"

这样说完，两个儿子都急切地问："那父亲大人有什么更好的方法呢？"富翁刚要说出答案，没想到一口痰噎住嗓子眼，结果他腿一瞪就背过气了，给两个儿子留下了一个谜。

听完这个故事，你能想到一个不错的建议吗？伟人毛泽东给出一个标准答案："可以把辣椒擦在狗的屁股上，当它感到火辣辣疼时候，它就会自己去舔掉辣椒，并为能这样做而感到很高兴。"伟人毛泽东让狗吃辣椒的办法的确令人深思，他的办法使狗的痛苦得到了减轻，狗会利用自己的本能减轻火烧屁股的感觉，而且在这个舔食过程中，狗会感到越舔越舒服，久而久之，这狗也可能变成了四川狗，爱上了吃辣椒了呢！而富翁的大儿子和二儿子的方法无形之中是让狗嘴里的辣味儿增加，而且是越吃越痛苦。

其实这个故事也会给团队领导者提供很大的启示，依照大儿子的方法，就是用最简单、最直接、最有效的方法，用大棒政策强制员工工作，但是这样做无疑是进行身体攻击，而导致的结果就是一员工可能会反过来反抗你！现在许多领导思想还很陈旧，认为让员工做员工干什么得干什么："别啰嗦，哪来那么多想法！我出工资你干活！再不好好干活，就炒你鱿鱼！"

二儿子的方法是讲究利益驱动，在让员工为他工作前对他说："你认真给我做事，我就给你报酬、职位、更高的奖金。"这样做的效果肯定不错，但有些领导因企业制度改革，所以最后不会太信守承诺，于是员工被骗过一次二次之后，这种"空手套白狼"的方法也无效了。

现代社会，员工越来越懂得维护自己的利益，企业也在努力找寻激励秘方，怎么样让员工如四川狗一样爱上自己的工作，并全身心地投入工作中，这可能是您作为老板要思考的，而员工激励永远是团队带领者的一个永恒主题，让自己的员工爱上吃辣椒吧！在关注员工工资的同时，关注其取得的成就、领导与同事的认可、工作内容的丰富化等，这样就可以使你的员工爱上自己的工作！

对触犯“天条”的人严惩不贷

千里之堤溃于蚁穴，在团队中，个别成员的做法、态度往往会影响到整个团队的状态。作为团队领导者，一定要懂得正确及时地处理。

伊藤洋货行以经营衣料买卖起家，食品部门比较弱。而“东食”是三井企业的食品公司，岸信一雄是“东食”的得力干将。于是伊藤把岸信一雄挖过来做食品这块。

对食品业的经营有比较丰富的经验和较强的能力的一雄，来到伊藤洋货行，宛如给伊藤洋货行注入了一剂催化剂。一雄的表现相当好，十年间将业绩提高数十倍，使得伊藤洋货行的食品部门呈现出一片蓬勃的景象。

但是从一开始，伊藤和一雄在工作态度和对经营销售方面的观念上就呈现出极大的不同。伊藤是走传统保守的路线，一切以顾客为先，不太与批发商、零售商们交际、应酬，对下属的要求十分严格，要他们彻底发挥自己的能力，以严密的组织作为经营的基础。一雄则非常重视对外开拓，常多用交际费，对下属也放任自流，这和伊藤的管理方式迥然不同。

随着岁月增加，裂痕愈来愈深。伊藤无法接受一雄的豪放粗犷的做法，因此要求一雄改善工作方法，按照伊藤洋货行的经营方式去做。但是一雄根本不加以理会，依然按照自己的方法去做，而且业绩依然达到了水准以上，甚至有飞跃性的成长。自信满满的一雄，更加不肯修正自己的做法了。他声称：“一切都这么好，说明这路线没错，为什么要更改？”

双方的意见分歧愈来愈严重，终于到了不可调和的地步，伊藤看出一雄不会与他合作，最终下决心将其解雇，惩一儆百，维护了企业的秩序和纪律。

岸信一雄业绩赫赫，却突遭解雇，在日本商界引起了不小的震动，舆论界大多站在一雄这边，批评伊藤蛮横无理。人们都为岸信一雄打抱不平，指责伊藤过河拆桥、卸磨杀驴。面对舆论的猛烈攻击，伊藤雅俊却理直气壮地反驳道：“秩序和纪律是我的企业的生命，也是我管理下属的法宝，不守纪律的人一定要从重处理，不管他是什么人，为企业作过多大贡献，即使会因此减低战斗力也在所不惜。”

对于最重视纪律、秩序的伊藤而言，食品部门的业绩虽然持续上升，但是一雄的“治外权”如果一直存在下去，将会毁掉他过去辛苦建立的企业体制和经营基础，也无法面对众多下属。

原则问题上不能做墙头草。任何企业单位都有少数的“刺头”式员工，他们不服从管理、我行我素，有的还以敢跟领导对抗而“自豪”。他们也许能力不错，但触犯了企业的“天条”。对这样的人，团队带领者要敢下狠手，必要时需当机立断、严惩不贷，决不能拖泥带水。

把团队成员的抱怨处理好

某公司一名张姓的副总经理正在会议室与同事研究工作，他们认真、专注，以至于连会议室悄然进来一个人都没有觉察到。进来的这个是公司的普通职工李某。李某手中拿着一个没有盖子的矿泉水瓶，偷偷摸摸地坐到张副总经理身边，随后，他将瓶子端起来，作出似乎要喝水的样子。就在这紧要关头，公司保卫人员冲进来，大喊："快夺下，他瓶子里装的是汽油"。张副总经理一听，立即将李某推倒，奋力抢夺他手中的瓶子。李某左手护住瓶子，右手从兜中掏出打火机。瞬间，汽油被点燃，火苗立刻蹿起来，张副总经理和李某的手均被烧伤，工作人员立即跳窗将室外正在浇花的水龙头扯进来，将火浇灭。接到报警及时赶到的民警将嫌疑人控制住。询问得知，李某放火的动机是因为对企业现在推行的工作制度心怀不满。

由此可见，员工抱怨的处理是否得当，员工是否有表达情绪的渠道，对团队领导者来说，不是小事，不是可有可无的东西，反而是一件关系到企业安全的大事。世界首富、微软公司主席比尔·盖茨就鼓励自己的员工，一定要畅所欲言，他说："如果人人都能提出建议，就说明人人都在关心公司，公司才会有前途。"松下电器公司前总经理松下幸之助人称"经营之神"，他有句口头禅："让员工把不满讲出来。"

如何让员工把不满讲出来，这需要企业具有员工抱怨处理制度。在实行员工抱怨处理制度的企业中，从最基层单位的组织单元到企业生产经营的最高层管理机构，各级都设有员工抱怨处理机构。基层处理机构负责处理基层的员工抱怨问题，若基层处理不好，在一定期限内要提到上级，由上级来加以处理，也就是说，由各级处理机构分层负责处理。若仍得不到解决，就要借助于第三方参与来加以解决。在这种机制下，员工的任何不满都能得到恢复和解决，就不会发生上个案例中李某的那种过激行为。其实，企业在处理员工抱怨的同时，也是自我机制修正的过程，在倾听员工抱怨中发现制度的不足，进而加以改正，从而保证企业各项机制的良性发展。

除了建立员工抱怨处理机制，通过正式程序来解决员工不满之外，团队领导者还要学会与下属之间建立一种诚信关系。假如与员工建立起诚信关系，就会促使下属带着责任感去工作，而不是消极地服从。由此可使人际关系多了和谐，少了摩擦；上下级之间多了沟通，少了隔阂；使管理工作多了快乐，少了焦虑；公司与员工之间多了理解，少了误会。

团队领导者在处理员工抱怨过程中，一定要果断。任何情绪都是传染的，抱怨很容易在员工群体之间引起共鸣，从而使抱怨从一个点引发到一个面，波及面越大越不利于处理方法的实施。在处理之前，要分清楚员工抱怨的根本原因。如果是企业运营过程中，因为某个管理人员的失职致使员工产生抱怨，团队领导者要及时对当事人采取处罚措施，尽量做到公正严明。如果员工抱怨是针对企业制度，那么，规范公司的规章制度、工作流程和岗位职责等，则是处理这些抱怨的首要措施。在对管理制度进行规范化时，应采取公平、公正、公开的原则。对公司的各项管理规范，首先要让抱怨者参与其中，共同制定，制定好的规范要向所有员工公开，使之深入人心，只有这样才能保证管理的公正性。

给安于现状的员工来点压力和刺激

过日子可以平平淡淡，但对企业来说，任何一种形式的因循守旧和抱残守缺都是致命的，平平淡淡根本不是真。

一位高明的团队领导者要明白，做好企业管理，要善于激活员工情绪。在管理中尽最大可能发挥好“鲶鱼效应”，努力使整个团队始终保持在竞争状态中，让每个人都成为具有强烈危机感的沙丁鱼。只有这样，企业在市场上才不会立于不败之地。

挪威人爱吃沙丁鱼，不少渔民都以捕捞沙丁鱼为生。由于沙丁鱼只有活的才鲜嫩可口，所以渔民出海捕捞到的沙丁鱼，如果抵港时还活着，卖价要比死鱼高出好多倍。但是沙丁鱼总是还没到达岸边就已经口吐白沫，渔民们想了无数的办法，想让沙丁鱼活着上岸，但都失败了。然而，有一条渔船总能带着活鱼上岸，他们带来的活鱼自然比死鱼的价格贵好几倍。

原来，他们在沙丁鱼槽里放进了鲇鱼，鲇鱼是沙丁鱼的天敌，当鱼槽里同时放有沙丁鱼和鲇鱼时，鲇鱼出于天性会不断地追逐沙丁鱼。在鲇鱼的追逐下，沙丁鱼拼命游动，激发了其内部的活力，从而活了下来。

这就是“鲇鱼效应”的由来。一个人没有危机感时就会懈怠，一个团队也一样，如果人员长期固定不变，就会缺乏新鲜感，也容易养成惰性，缺乏竞争力，没有紧迫感，没有危机感。只有有了压力，存在竞争气氛，员工才会有紧迫感、危机感，才能激发进取心，企业才能有活力。所以，在团队建设中，领导者们要懂得引入“鲶鱼”，引进能干的人才，其他的员工就会感到紧张和压力，“引进一个，带动一片”，由此一来，整个团队就会生机勃勃。

本田汽车公司的总裁本田宗一郎就曾面临这样一个问题：公司里东游西荡的员工太多，人浮于事，严重的在拖企业的后腿。可是全把他们开除也不妥当，一方面会受到工会方面的压力，另一方面企业也会蒙受损失，这让他大伤脑筋。他的得力助手、副总裁宫泽就给他讲了沙丁鱼的故事。

本田听完了宫泽的故事，豁然开朗，连声称赞："这是个好办法。"宫泽最后补充说："其实人也一样。一个公司如果人员长期固定不变，就会缺乏新鲜感和活力，容易养成惰性，缺乏竞争力，只有外有压力，内有竞争气氛，员工才会有紧迫感，才能激发进取心，企业才有活力。"本田深表赞同，他决定去找一些外来的"鲇鱼"加入公司的员工队伍，以制造一种紧张气氛，发挥出"鲇鱼效应"。

说到做到，本田马上着手进行人事方面的改革。特别是销售部经理的观念离公司的精神相距太远，而且他的守旧思想已经严重影响了他的下属，因此，必须找一条"鲇鱼"来，尽早打破销售部只会维持现状的沉闷气氛，否则公司的发展将会受到严重影响。

经周密的计划和努力，终于把松和公司的销售部副经理，年仅35岁的武太郎挖了过来。武太郎接任本田公司销售部经理后，首先制定了本田公司的营销法则，对原有市场进行分类研究，制定了开拓新市场的详细计划和明确的奖惩办法，并把销售部的组织结构进行了调整，使其符合现代市场的要求。

武太郎上任一段时间后，凭着自己丰富的市场营销经验和过人的学识，以及惊人的毅力和工作热情，受到了销售部全体员工的好评，员工的工作热情被极大地调动起来，活力大为增强。公司的销售出现了转机，月销售额直线上升，使公司在欧美及亚洲市场的知名度不断提高。

本田深为自己有效地利用"鲇鱼效应"而得意。从此，本田公司每年都重点从外部“中途聘用”一些精干利索、思维敏捷的30岁左右的生力军，有时甚至聘请常务董事一级的“大鲇鱼”，这样一来，公司上下的“沙丁鱼”都有了触电式的感觉。

当一个组织的工作达到较稳定的状态时，常常意味着员工工作积极性的降低。“一团和气”的集体不一定是一个高效率的集体，这时候“鲶鱼效应”将起到很好的“医疗”作用。

当压力存在时，为了更好地生存发展下去，承受压力的人必然会比其他人更用功，而越用功，跑得就越快。适当的竞争犹如催化剂，可以最大限度地激发人们体内的潜力。

一个单位或部门，如果人员长期固定，彼此太熟悉，就容易产生惰性，削弱组织的活力。这时，如果能从外部招聘个别“鲇鱼”，他们就能以崭新的面貌对原有部门产生强烈的冲击。同时，他们可以很好地刺激其他员工的竞争意识，克服员工安于现状、不思进取的惰性。可以说，刺激在团队管理中无处不在，科学的刺激方式，可以使员工受到积极的影响。

第九章　带气场：团队没气场，企业没底气

员工斗志昂扬，企业怎能不兴旺

气场改变命运，气场决定人生。我们每个人都有一个环绕在身体周围的气场，气场是每个人独一无二的精神名片，影响着我们的一生成败。团队也一样，好的团队气场能带动内部员工，影响外界的开发，进而影响公司的绩效。所以，带好团队的气场是非常重要的。

在团队管理当中发生的很多现象都令人深思：在和部属的沟通和交流中，你一定会听到很多类似的话："经理，宇宙公司的王总脾气真怪，我去了三次了，他都不搭理我。""总是这些事情，总是这些人，我感觉自己没有一点提高。""经理，您让我去做的事情看来是没戏了，咱们公司实力不强，抢不上人家啊！"……

听了这些话，作为领导者的你有没有想过，为什么团队会出现这样的气场？为什么过去几个小时就可以完成的事，现在一天也完不成呢？为什么奖金的设立本来是为了激励员工斗志和鼓舞他们积极性的，可是发了奖金反而引起了很多纠纷呢？为什么以前布置的任务员工二

话不说就勤勤恳恳的去做，现在却总是讲条件呢？

对目标失去信心，前进的动力不足……这样的团队气场必然会影响公司的业绩。作为团队领导者我们要懂得鼓舞士气，把团队气场搞起来，让手下的员工跑起来领导才能轻松自如。

威廉·詹姆斯是美国哈佛大学的教授，通过研究他发现，在不好的环境里，员工的潜力只发挥出五分之一，而在良好的环境中，同样的员工可以发挥出其潜力的五分之四，甚至百分之百。可见，在企业管理中，领导者应善于调动员工的积极性，提高团队的积极气场。事实上，每一个企业都有自己的管理方式，可是很多企业的管理都起不到成效，这是因为管理是需要变化的，不同的发展阶段领导方式也有所不同。所以不能墨守成规，要想让你的下属跑起来，就必须找到关键，熟悉感情、培训、帮带、处罚、竞争、奖励、公正、信任、授权等，把这些技巧加以综合运用。

要让团队保持一个好的气场，那么就要了解：你部下的工作动力在哪里？他们为什么要努力的工作？他们希望工作能给自己带来什么？分析了这些后，就可以针对情况，灵活运用了。以下是一些让你的团队斗志昂扬的方法。

第一，给员工制造一种充满竞争的氛围。要知道，在充满压力的竞争的气氛中，有谁会甘居下游、被淘汰呢？

第二，适当地给予员工晋升机会。晋升带来的除了薪金的上涨外，更多的是给其带来的责任感、成就感等多方面的满足。

第三，在员工取得了一定成绩时要表达赏识和认同。千万不要吝惜自己的表扬，然后把他取得的成绩让团队的每一个人都知道，然后可以让他承担更多的责任。

第四，对于表现好的员工，授给其处理业务更大的权利；当下属的业务遇到一些困难时，给予信任和其必要的指导、帮助。

第五，要让员工知道“一分耕耘，一分收获”，给部属创造一个公平的竞争环境，做到按劳分配，完善考核机制。

第六，试着给员工改变一下工作内容和形式，以此来激发员工的工作动机，使其工作扩大化和丰富化。

第七，有奖有罚，对员工在工作中出现的错误和疏漏，除了帮助其改正行为方式外，还要给予其一定的惩罚，这样才能阻止他再犯同样的错误。

第八，通过培训提高员工工作技能，拓宽其视野。

第九，注意给予员工情感激励，以诚相待，做他们的知心朋友和生活顾问。

第十，身教重于言教，团队领导者要起带头作用，给予员工行为激励，要知道，身不正何以令行！

条条大路通罗马，在具体的管理当中，不同的领导者有不同的管理方针，管理的精髓是要把自己的思想，变成别人的行动。在公司现有的资源基础上只要领导者能有整合最大的人力资源的潜能，可以用最少的成本创造最大的利润，那么就达到了最佳效果，员工斗志昂扬，企业怎能不兴旺。

找个榜样让大家来效仿

要让团队成为一支所向披靡的队伍，就要激发团队的正能量，让团队的气场充满正面的引力，吸引那些能够成就团队的所有积极因素。所有的积极因素都在为团队服务，团队的所向披靡就不再是一个梦。

激发团队的气场，榜样的力量是无穷的。要找到公司内部的千里马，让千里马成为团队榜样。这是因为树立榜样标准要明确，这个标准要让大家认可，目的是营造成功氛围。成功吸引成功，用正确积极的观念、勤奋真诚的态度，带给所有人一种积极向上、热情洋溢且富有组织号召力的形象感受。让每个员工自然浸染其中跟着成长，形成一种大的气场，形成人人争先的局面。

美国国防工业的巨头诺斯洛普・格鲁门公司将其首席执行官肯特・克雷萨当作公司团队发展的榜样。当时，诺斯洛普・格鲁门在诚信方面声誉很差。但是，肯特・克雷萨的领导团队却成功地扭转了公司形象，重塑了一个在公众意识中执行力强大的企业。

他是怎么做的呢？在整个过程中，肯特其实是个示范者，一开始，他就向员工们清楚地讲明了自己对道德规范、价值观以及行为方式的看法，以及对这个企业重塑形象的期待。他用自己的行动为大家树立了榜样，并始终如一地将其传递给合作者。他的成功在于创造了一个讲诚信、富有执行力的大环境。在这个环境中，企业的所有领导者都在为发展而努力。

美孚石油公司之所以能够在世界商业史上留下精彩的篇章，其发展秘诀就在于为团队找到了千里马，找到了学习目标，从而使自己的服务和产品更加趋于完美。

1992年的美孚石油年收入就高达670亿美元，这比世界上大部分国家的收入还高，真正是富可敌国。不过，在辉煌的业绩面前，美孚并没有感到满足，依然保持着很强的进取心，他们希望自己的服务做得更好。于是，他们在1992年初做了一个调查，试图发现自己的新空间。当时美孚公司询问了服务站的4000位顾客什么对他们是重要的，结果发现，仅有20%的被调查者认为价格是最重要的。其余的80%想要三件同样的东西：一是快捷的服务速度，二是能够一心为客户着想的友好员工，三是能够认可他们的消费忠诚度。

针对客户的这三种需求，美孚把它们分为速度、微笑和安抚三个小组。美孚的管理层认为，论综合实力，美孚在石油企业里已经独步江湖了，但要把这三项指标拆开看，美孚并不能领先所有的企业。于是，他们就下达了一个任务：三个小组各自寻找自己的学习目标，找到在这方面的千里马，找到速度最快、微笑最甜和回头客最多的标杆，以标杆为榜样改造美孚遍布全美的8000个加油站。

经过公司的全体努力，果然，他们找到了在单项指标上比他们更为优秀的企业。速度小组锁定了潘斯克公司。这家公司是给“印地500大赛”提供加油服务的。每当在电视转播“印地500大赛”时，观众都会欣赏到这样的景象：赛车风驰电掣般冲进加油站，潘斯克的加油员一拥而上，眨眼间赛车加满油绝尘而去。电视前所有的观众都能够在瞬间感受到潘斯克员工的服务速度。速度小组把它当作美孚学习的目标。

微笑小组的寻找是跨行业的，他们锁定了丽嘉·卡尔顿酒店作为温馨服务的标杆。丽嘉·卡尔顿酒店号称全美最温馨的酒店，那里的服务人员总保持招牌式的甜蜜微笑，所有入住过的旅客都对这家酒店印象深刻，把在这里住宿当作美好的回忆，这个酒店因此获得了不寻常的顾客满意度。

全美公认的回头客最多的是“家庭仓库”公司。安抚小组于是把它作为标杆。他们从“家庭仓库”公司学到：公司中最重要的人是直接与客户打交道的人。这个观念颠覆了美孚管理层以往的认知。他们曾经把那些销售公司产品，与客户打交道的一线员工看作是公司里最无足轻重的人。家庭仓库公司告诉他们：领导者的角色就是支持这些一线员工，使他们能够把出色的服务和微笑传递给公司的客户，传递到公司以外。

潘斯克、丽嘉·卡尔顿酒店、家庭仓库公司，这些都是行业内的千里马，他们以最为完美的服务在行业内一骑绝尘。美孚公司把他们当作自己的学习目标，结果，在经过标杆管理之后，他们的顾客一到加油站，迎接他的是服务员真诚的微笑与问候。所这样做的结果是：加油站的平均年收入增长了10%。

千里马对团队气场很重要，但是，让千里马成为榜样，带领所有的人都成为千里马，对团队而言更为重要。为下属提供一个可供学习的标杆，他们才能向标杆看齐。没有英雄的团队意味着集体平庸。为团队找到学习的榜样，就能促进其他员工达到最优标准。

别让害群之马影响到团队气场

走在大街上，我们会看到有一些人全身都散发着“我很优秀”的能量，人们愿意跟他们交谈，很容易信任他们；而有的人却好像是把“衰”写在脑门上一样，人们只要靠近他，就能感觉到压抑和失落。团队也一样，如果团队给人的印象是积极的，那别人就愿意与我们合作，否则就会让人避之而不及。

酒与污水定律不知道你了不了解，如果把一汤匙酒倒进一桶污水中，你得到的是一桶污水；如果把一汤匙污水倒进一桶酒中，你得到的还是一桶污水。如果一个高效的部门里，混进一匹害群之马，会全盘破坏组织的健全功能，这就是有名的酒与污水定律。下面这个小故事很好地说明了这个定律：

两匹马各拉一辆大车。前面的一匹走得很好，而后面的一匹常停下来东张西望，心不在焉。于是，人们就把后面一辆车上的货挪到前面一辆车上去。

等到后面那辆车上的东西都搬完了，后面那匹马便轻快地前进，并且对前面那匹马说：“你辛苦吧，流汗吧，你越是努力干，人家越是要折磨你，真是个自找苦吃的笨蛋！”

来到车马店的时候，主人说：“既然只用一匹马拉车，我养两匹马干吗？不如好好地喂养一匹，把另一匹宰掉，还能拿到一张马皮。”于是，主人把这匹懒马杀掉了。

几乎任何企业团队中，都会存在几个“刺头”员工，他们往往不会为组织增添多少成果，反而会拖团队的后腿，将事情弄得更加糟糕。这就是团队中的害群之马。

领导者不要忽视一两个“害群之马”的破坏力，他们会使一个高效的部门迅速变成一盘散沙。我们总说：破坏总比建设容易。一个能工巧匠花费时日精心制作的瓷器，一秒钟就会被破坏掉。如果一个团队中有一匹害群之马，即使拥有再多的能工巧匠，也不会有多少像样的工作成果。作为领导者，遇到这样的情况，若想保持团队的高效，你只有一个选择，按下清除键，迅速将其清除掉。“美国第一 CEO”杰克·韦尔奇对待害群之马的员工非常干脆。

每年，GE 公司的高管都被要求将他们团队的人员分类排序，其基本构想就是强迫公司的领导对他们领导的团队进行区分。

他们必须区分出在他们的组织中，他们认为哪些人是属于最好的 20%、哪些人是属于中间大部分的 70%、哪些人是属于最差的 10%。

如果他们的管理团队有 20 个人，那么公司就要求知道，20%最好的 4 个和 10%最差的 2 个人都是谁—包括姓名、职位和薪金待遇。表现最差的员工通常都必须走人。

韦尔奇把员工分为 A、B、C 三类，C 类是“烂苹果员工”，即害群之马。

A 类是指这样一些人：他们激情满怀、思想开阔、富有远见。他们不仅自身充满活力，而且有能力帮助带动自己周围的人。他们能提高企业的生产效率，同时还使企业经营充满情趣。

B 类员工是公司的主体，也是业务经营成败的关键。我们投入了大量的精力来提高B类员工的水平。我们希望他们每天都能思考一下为什么他们没有成为A类。经理的工作就是帮助他们进入A类。

C类员工是指那些不能胜任自己工作的人。他们更多的是打击别人，而不是激励；是使目标落空，而不是使目标实现。领导者不能在他们身上浪费时间，那对团队没有任何好处。

而韦尔奇规定，区分出三类员工后，按照等级进行奖惩，A类员工得到的奖励应当是B类员工的两到三倍，公司还会给予A类员工大量的股票期权。对B类员工，每年也要确认他们的贡献，并提高工资，大约60%到70%的B类员工也会得到股票期权。至于C类员工，不但什么奖励也得不到，还要承担被淘汰的后果。

很多领导者会认为，剔除落后的10%的员工是残酷或者野蛮的行径。这是一种曲解，事实恰恰相反。平庸的员工对于优团队气场是一种破坏，而对于其本身也并没有什么好处，因为让一个人待在一个他不能成长和进步的环境里是真正的“假慈悲”，对任何一方都没有好处。找出你团队中的害群之马，毫不犹豫地清除掉，你会发现团队面貌会发生积极可喜的变化，当然，还有业绩的大幅提升。

忍痛割爱，请犯众怒的骨干下课

在团队内部，不乏一些能力强、水平高的员工，他们有创新意识，勇于接受挑战，是领导者的好帮手、团队的业务骨干。但这类员工往往由于业务做得比其他员工好而产生盲目自信心理，与同事相处表现出优越感，通常表现是，做事以自我为中心，我行我素，听不进反对的声音，一意孤行。这样一来，难免引起其他同事的反感，严重时很可能会引发大家的共愤。这时，领导者最好的办法就是，忍痛割爱，请这个触犯众怒的业务骨干下课。哪怕他是一个能力超群的优秀人才，如果以为他而导致了严重的后果，也可能不得不壮士断腕了。

李智是南方一家大公司刚上任的总经理。为了革新技术，李智特意聘请了年轻工程师刘东。刘东早年在国外留学，毕业后一直在欧美工作，有丰富的理论和实践经验，是推动公司技术革新的理想人选。为说服刘东，李智亲自去美国把刘东接回来，让其任生产部经理。

刘东长期的海外管理方式使公司员工有抵触情绪，加之其个性容易和别人发生摩擦，尤其是在与下属打交道的时候。刘东在进公司时曾明确表示，他不能容忍任何人干涉他的工作方式，包括李总在内。由于人才难得，李智答应了，并与公司高层进行了必要的沟通。

李智是一个信奉民主管理的总经理，所以在各方面都比较照顾员工的意见和利益，这也是他获得大家信任的重要原因。另一方面，他也非常支持刘东在改善企业生产方面所做的努力。

接着刘东提出了一项影响更大的计划。这项计划将原本每个工人负责一台机器的方式，改为两个人负责三台机器，这样可以减少一个人同时又不影响产量。实施这项计划需要很大的花费，但是效果会很好。他保证新计划的花费可以在一年内收回。这项计划也意味着马上有三分之一的员工成为新计划的牺牲品；留下的工人、干部的工作量将大大增加。这是一项影响公司所有人的重大变化。

刘东的新计划提出后，立即遭到公司很多人的反对。李智就向大家承诺，实施新计划将不会裁员，公司可以用加薪的方式解决增加的工作量。由于李智急于飞往美国与那家大客户谈判，因此很快就离开了公司。临走之前，授权刘东实施他的新计划。

得到李智的支持后，刘东全力投入了新计划的实施。但由于刘东常常与干部和工人直接接触，大部分工作刘东现场处理，强力执行，因此双方的关系越来越僵。当李智从美国回来的时候，双方的危机已经到了一触即发的程度。虽然刘东所计划的设备重新布置的工作已经结束，但工人还是不同意这种安排。调整后的设备仍然是每人负责一台机器。

工人代表与李智进行了谈话，表达了大家对新计划的严重不满：大家不能接受三分之一的工人下岗，因为很多人都为公司服务了很长时间，出去之后也难以寻找合适的工作；另外，技术革新后，增加的工作强度很难接受。工人代表还要求李智免去刘东的生产经理职务，否则，中层干部将集体辞职。并暗示他将会把此事告知董事长。

李智很快就接到了董事长的意见：“绝不能让工厂停产，因为现在的订单不能按时交货，公司将面临巨大的赔偿。”

此时，李智不知如何是好，看来工人们已经和董事长有过沟通。如果工人们真的摊牌，董事长会接受他们的要求，甚至牺牲自己。另一方面，从生产经理的职责出发，刘东真的十分称职，而且自己亲自把他请来，并一直支持他的工作，现在能够牺牲他吗？

李智经过认真分析、仔细考虑之后，作出决定让刘东离开，尽管刘东的技术和管理能力强，但他容易与人摩擦的管理风格以及他对工人漠不关心的做法，显然与整个公司的传统和文化格格不入。加上新计划的影响实在太大，并不具备真正实施的条件，所以，生产经理刘东必须辞职，尽量以最优待的方式来处理。

一名优秀的工作人员，除了才华之外，还要具备很多其他的条件，才能真正获得成功。在这个案例中，刘东成为新计划的牺牲品。尽管面子上无光，刘东也应当理解这次教训对自己的重要意义。时下，一些青年才俊往往恃才自傲，目中无人，而忽略人际关系的重要性。这样往往在工作中到处碰钉子，成为特定危机的牺牲品。

刘东尽管十分委屈，也应当接受这个事实。身为领导者李智，应当从中吸取教训：必须选择适当的人选担任重要的职务，犯众怒的骨干自然无法委以重任。领导者从中应得到这样的启发：考察骨干时不能唯能力，还要看其人际关系处理水平，两者皆优，才能利于团队形成气场合力。

价值观不同，不相为谋

员工的价值观与团队的价值观是否相同，在很大程度上影响了团队的战斗力。德鲁克说：想要在企业内取得成就，个人的价值观必须与企业的价值观兼容。德鲁克认为，相互兼容的价值观是企业获得高效执行力的认知基础。世界大多数成功的企业，除了物质技术设备优越之外，更重要的是，员工个人价值观与企业价值观兼容上的成功——共同的价值观能够促进组织全体成员在对企业、战略、任务和执行的认识上趋于一致，从而提升企业的战斗力。

在日本市场上站稳脚跟之后，京都制陶总裁稻盛和夫希望公司走向海外世界，首先开辟美国市场。1962 年，稻盛独自一人飞往美国，由于语言不通，也没有志同道合的代理人，结果无功而返。

1963年，原来在松下工业任贸易部长的上西阿沙进入京都制陶公司。上西出生在加拿大，他在松下时充分利用自己的语言优势，一直从事与海外的贸易往来。上西比稻盛年长12岁，对外贸易经验极其丰富，正是京都制陶急需的人才。

上西刚加入时，稻盛如获至宝，每天一到傍晚，稻盛就跟上西促膝长谈，竭力想使他的思想与公司一致。而上西自恃是精通贸易的专家，心高气傲，无法马上接受稻盛的想法和领导。

稻盛希望上西马上开辟海外市场，而上西认为想开展对外贸易，做市场调查的时间就得有一年左右。稻盛却绝不允许这样按部就班的慢吞吞的做法。稻盛的过度执着和上西的循序渐进产生了矛盾，二者在许多业务问题上各不相让，经常闹得不欢而散。

稻盛本来打算把经验丰富的上西当作自己的左右手，协助自己扩大海外市场。现在却为上西不能理解自己的意图而满怀怒气。这时候，稻盛深切地感受到再丰富的贸易经验，再优秀的人才，不能同心协力就没有战斗力。他觉得自己无法与上西共事，决定解雇上西。

上西的养父听说这个消息十分着急，跑到稻盛家中苦苦哀求，因为上西由于过于自负在其他公司也无法待下去。稻盛决定再和上西交谈一次。他把自己所能想到的对生活、工作的态度、思考问题的方式等一一提出，向上西追问到底，想借此改变上西的思维方式。稻盛恳切的肺腑之言，终于使上西和他心心相通了。

在上西的协助下，京都制陶很快就在美国的高科技产业的圣地——硅谷，建立起了海外兵团，成为日本企业打入硅谷的先驱。

作为一个企业，如果员工各有打算，各自努力方向不一致的话，就会缺少合作力，影响企业发展，只有全体员工同心同德、齐心协力才能带来最大效益。

共同的价值观、目标是一个优秀团队所必不可少的。团队领导者必须让每一个员工明白团队利益永远大于个体利益，个体利益永远服从团队利益。

因此，在带领团队时，考核价值观应该是领导者的第一要务。个人价值观与团队价值观相融，这是形成气场合力的基础，在此之后才能谈论其他。如果价值观不同，就要立即送走，千万不要留用。

注入能量时，让“空降兵”软着陆

企业的经营者总是以为空降兵“很美”。“空降兵”多为高人，多年的职场打磨，让这些职业经理人看上去“很美”。所以，当企业遇到困境或者业务发生变更时，领导者通常都会选择从其他企业“挖”优秀的职业经理人，以此来担负起改变企业命运或承担新业务开拓的重任，这似乎已成为团队领导者解决问题最简单、最有效的途径。

然而，距离产生的“美”是一种假象。当优秀的“空降兵”们渐渐进入企业的日常运营中时，企业却发现一切并没有想象中的“完美”。等双方短暂的“蜜月期”过去后，剩下的往往是痛苦而又无言的结局。难怪很多团队领导者都曾经感慨：“挖人容易用人难。”在对待空降兵的时候，领导者通常存在这样的误区：他们认为在其他地方优秀、出彩的人才，到了自己的企业也会继续优秀。但事实却并非如此，企业的领导者不要期望优秀的人才一加入进来就会表现优秀。

吴士宏加盟TCL的案例就足以说明，“优秀”也是需要条件的。1999年，“打工女皇”吴士宏离开给她带来巨大声誉的微软中国公司，加盟TCL集团。吴士宏在TCL并没有能够继续辉煌，直到2002年黯然退出，在TCL集团短暂的经历，让吴士宏遭遇了职场上的“滑铁卢”。

吴士宏拥有IBM高管和微软中国区总经理的外企从业经验，而且是从一个普通销售员一步一步上升为高管，在多个岗位都具有丰富的工作经验。正如盛大天价聘请唐骏，是看中其在资本运作方面的能力，而NBA中国挖来陈永正是看中其在中国高层的公关能力，TCL邀请吴士宏加盟之时也对其寄予厚望。

但是，无论是吴士宏，还是TCL，他们都低估了不同企业文化冲突的严重性。吴士宏一直接受的是国际企业的文化训练，而TCL是一家迅速成长的本土公司，不同的企业文化之间必然存在着磨合的问题，最终，水土不服成为吴士宏兵败的首要原因。

作为传统家电企业的旗帜，TCL有着根深的企业文化底蕴。空降兵吴士宏要想实施其战略，势必要涉及整个集团内部的利益重组。而集团内部纷繁复杂的人事关系，让外企出身的吴士宏想一展拳脚的时候感觉牵制太多。尽管初上任的吴士宏改革力度很大，但终究拗不过企业原有体制的力量。她忘了作为一家老牌企业，TCL是不会为一个职业经理人而轻易改变自身的企业文化的。

除了文化冲突之外，吴士宏失败之后，她也需要自省。她从跨国公司的执行者到国内企业的领导者，其自身的转型也不成功。吴士宏在微软中国担任总经理时，一直执行的是微软总部的战略与决策，更多的是其执行力的体现。到TCL后，则承担起组建TCL集团信息产业板块的重任，这时的吴士宏已经肩负着决策 TCL 信息产业的战略发展问题。

她已经不再是简单的执行者，现在已身居管理层，需要有决策力。工作内容的变化，需要她及时调整自己，从而满足工作的需要。这样导致 TCL 在对吴士宏工作不满意之后，最终还是选用自己企业一手培养起来的杨伟强掌管 IT 业务，而吴士宏只能选择黯然离开。

已经被证明优秀的吴士宏在 TCL 的表现实在谈不上“优秀”，对于此次意外，业界和 TCL 本身都表示诧异。其实，职业经理人的加盟，也要符合企业需求，并非所有优秀的“空降兵”都适合任何一个企业。

团队领导者要认清这样的事实：并非外来的和尚会念经。有时候，磨合和时间是必需的，即便如此，“空降兵”也不是“全能战士”。“优秀的人才一进来就优秀”，这本身就体现出团队领导者急功近利的思想。让空降兵实现软着陆，才是领导者最应该去做的。

把与团队气场不符的人换下来

团队经过一段时间的运行，作为领导者，必须要有重新评估你的团队的勇气，要找出哪些人是与团队气场不相符的。一般而言，有 5 类员工必须严肃处理，就是平时不处理，也应该用强烈的态度，给予他们明确的讯息。这 5 类员工是：

1. 行为失德的员工

有些员工品行不端，甚至心术不正，虽然没有做什么有损组织利益的事，但对其他员工却可能造成滋扰，最常见的就是性骚扰，有些男性员工，对女同志口无遮拦，拿她们的身材当作评论对象，喜欢说性话题，这会令组织的气氛变得很恶劣。有些甚至更过分，可能借故挨身挨势、毛手毛脚，使女同志几乎有被非礼的感觉。这类员工绝不要容忍，必须加以指责，如果劝而不改，就应重责，或更严重的，可能要考虑解雇他。

2. 态度恶劣的员工

有些员工的性格不善，如果领导的性格温和，他们就不会把领导放在眼里，对领导毫不尊重。这类员工，有些是恃着自己工作表现好，办事效率高，他们甚至可能在领导面前闹脾气，或是驳领导的面子。这类员工，如果不还以一点颜色，他们就会变本加厉。创业初期，中层领导的性格通常比较温和，就可能被恶人所欺，这时绝对需要用严厉态度加以处理。

3. 浪费的员工

为了避免浪费，首先，领导就要以身作则，起好带头作用。让下属从刚开始参加工作，就养成不浪费的好习惯。

领导发现下属有小的浪费现象时，就要对其进行忠告，因为小的浪费会带来大的损失。即使下属发牢骚说："我们领导对这一点小事都斤斤计较，真是太小气了。"但是，领导仍然不要对他们妥协。只要看到下属有浪费现象就要对他们进行批评。

领导要对下属那些有碍正常工作的行动提出警告。人们很容易养成不良的习惯，而且很难纠正。所以，要在坏习惯形成之前，就帮助他们纠正过来。

一点一滴都不要浪费。当日本《经济时报》面临危机的时候，为了重整旗鼓，正坊地隆美从日立事务所调到那里去当老板。年末大扫除的时候，他看到地上扔着几根短的铅笔头，于是，他把财务部长叫来，并让他把铅笔头捡起来。正坊地隆美的这种行动使得下属对勤俭节约有了新的认识。大家想连经理都这么节约，自己今后一定要注意。

如果不注意小的浪费，那么积少成多就会造成大浪费，任何企业都是经不起浪费的。为了避免造成巨大的浪费，领导就不应当允许有小的浪费。

4. 懒惰的员工

领导有权要求员工做好工作，有什么合理要求，他们都应该达成。但懒惰似乎是很多人的天性，他们总想找种种机会偷懒，尤其是领导不在时，更是得其所哉，如果是跑外勤的，偷懒的机会更多。如果你在下午三、四时，经过快餐店，进去看看，估计当中有多少个是组织的外勤人员，就知道偷懒者何其多，若再加上下午跑入电影院看电影的营业代表，数目就更多。

你和员工一起工作，大家要像战士一样努力前进。工作效率差、懒散不负责任的员工，会把整个团队精神拖垮，尤其如果公司规模不大，员工数目不多时，就更应排除这些害群之马，要先改造他，要激起他的自尊自重之心。使他奋发起来。不过，有些大懒虫的确是没有自尊自重感的，骂了也是一条软皮蛇，无计可施，唯一的方法就是解雇。

5. 怠工的员工

对属下时常怠工不能视而不见。有很多人经常迟到，然而他们都会找出很多借口，说什么汽车晚了、突然头痛起来没法出门，等等。这种人会影响集体中其他人的士气。对这种人要给予明确的批评。对缺勤很多的人，在办公室谈恋爱而影响工作的人，也要视不同情况给予批评或警告。

去除团队里的“绊脚石”

在一个团队里，也许总有一个或者几个只说不干、胡乱捣蛋的员工，他们不仅影响其他员工的工作热情，还会影响整个团队的气场，成为阻碍团队前进路上的绊脚石。身为领导者必须对下属的工作能力、工作态度有充分的认识和了解。

聪明的主管深知，集体的团结和纪律的严明是企业生存和发展的通行证，因此，领导者对团队中的那些不务正业的员工时刻保持着高度的警惕，该批评的时候就批评，不留情、不手软，绝不对其姑息迁就，必要的时候要毫不犹豫地清除，这样才能保持团队的气场和竞争力。

人的性格是多方面的，为人处世、对待工作的态度亦因性格、修养等因素表现各异。有兢兢业业、开拓创新之士，也有应付敷衍、背地捣乱之流。身为领导者，如何才能认清员工的真面目，并对其相应地管理呢？这里总结了几种常见的“不地道”员工的行为，亦是不能容忍的，领导者应立即予以批评，严重的话也可以考虑清除：

（1）只说不练。社会上曾流传有这样一句话：“干的干，看的看，看的给干的提意见。”事情是要一件一件来做的。工作中的事每一件都是具体而实在的，不身体力行是无法完成的。

此类员工净耍嘴皮子不干事，也就是说得多、干得少，他们的存在，不但影响其他员工的情绪，也会败坏整个工作作风。

（2）当一天和尚撞一天钟。这类员工没有干劲、缺乏责任感，只是一种抱着“混”的态度应付工作。对待工作草率、马虎，对分内的事也不认真去做，“当一天和尚撞一天钟”。至于这钟撞得好不好、声音响不响，全然不管。

（3）唯我独尊。这类员工往往心目中只有“自我”、工作中突出“自我”，我行我素，其他员工一般很难与之合作，甚至不会把上级领导放在眼里，听不进别人反对意见，受不了批评，自然不利于工作的整体推进。和谐融洽的工作环境有利于团队的成长，况且一项工作通常是需要各部门之间互相协调、员工之间通力合作的。

（4）心胸狭窄。这种员工多少都有一点才气。因为这点才气，表现自然自负，容不下别人。然而，其又不愿意看到别的同事超过自己，无容人之量，这种员工多数群众基础不好。由于其心胸狭窄难容人，和同事少不了有磕磕碰碰的事情发生，别人也不愿意和其同处。

（5）阿谀奉承。这种员工的心思不在干好本职工作上，而是寻找机会和主管拉关系、套近乎，以求得对自己的“照顾”。对工作往往心不在焉，得过且过。这类员工不愿付出辛苦努力，而找机会投机取巧，钻空子。

（6）抱怨不满过多。这种员工在工作上稍有不顺就牢骚满腹，对别人说三道四，影响其他员工的积极性。这种员工的存在，对稳定员工思想具有消极作用。他们常常对许多事情都看不惯，乱说乱讲，尤其对新员工的成长不利。其危害不可小觑。

任何领导者都不希望自己的部门出现员工不团结、影响工作的现象。要维护工作的正常进行，对以上几类人必须采取果断的措施予以制止，否则将后患无穷。

让恃才傲物者看到你的良苦用心

有的下属恃才傲物，仗着自己才高，目空一切，有时甚至玩世不恭，对谁都不在乎。掌握这种下属的个性特点并学会与之和谐相处，那么，工作就容易开展多了。

身为领导者必须拥有一颗宽容的心——宰相肚里能撑船嘛。时刻保持冷静，以宽容的态度对待那些不把你放在眼里的下属，不仅仅是为了在他人眼中更进一步地树立成熟稳健的形象，实际上你的做法本身也是对他的一种教育。

美国前总统富兰克林·罗斯福还是个心高气傲的年轻人的时候，曾在海军内的一个部门担任副官。而他的顶头上司是一位年长而和蔼的老人，他总是对罗斯福微笑，尽管罗斯福常常对他显出傲慢无礼，甚至骂他“老古董”。上司几乎对罗斯福的每一个意见都仔细地考虑和研究，对其略加改动后便立即采纳。这令罗斯福愈发自信，并且对工作投入了更大的热情。

他们的合作渐入佳境，老人依旧和蔼如故，罗斯福却逐渐抛弃了激进傲慢的性格，他感到有种力量在改变他，但他却不知道那是什么。许多年之后，当他已不再是个毛头小子的时候总是不自觉地回忆起那段时光，老人的无私豁达让他时常为自己过去的行为自责。同时，罗斯福也逐渐明白了老上司的良苦用心。

一般恃才傲物者都有三个共同特性：

第一，自以为本事大，有一种至高无上的优越感。总以为自己了不起，别人不如自己，说话常常硬中带刺，做事我行我素，自信和自负心强，对别人的态度则表现为不屑一顾。

第二，恃才傲物者大多自命不凡，好高骛远，眼高手低，自己做不来，别人做的又瞧不起。所以，做什么事都感到浅薄，认为不值得去做。

第三，恃才傲物的人往往性格孤僻，喜欢自我欣赏，听不进也不愿听别人的意见。凡事都认为自己做得对，对别人持怀疑和不信任态度。

与这些下属相处，领导者必须采取有效的措施，才能让其心服口服。以下向你提供三种办法：

（1）要有意用短，善于挫其傲气。恃才傲物者并非万事皆通、样样能干，充其量只是在某些方面或某个领域里才能出众、出众拔萃，在其他方面可能就技不如人。

所以，你可以找机会，人为地给他制造一些麻烦。最好是在单独场合，安排一两件做起来比较吃力而且比较陌生的工作让他去做，并且要求限时完成任务。只有当他发现他独自一个人不可能完成所有任务的时候，他才会意识到他人的重要性。

当然这也不必刻意地“密谋”，只需在问题出现的时候你“无意”促成一种“巧合”，使他突然孤立无援而且不会意识到这是一个有意的安排就可以了。此时的他在你小心地施压下，也许会感悟到自己的那份力量简直微乎其微，对自己的能力也会有一个重新的认识。

（2）要用其所长，切忌压制打击。恃才傲物的人，大都怀有一技之长，否则，无本可“恃”，更无“傲”之本。领导者在与这种下属相处时，要有耐心，要视其所长而用之，绝不能采取冷处理的方法，为了压其傲气，将其搁在一边不予重用。

须知，这样做不仅不能使下属正确地认识自己的不足之处，相反，会使其产生一种越“压”越不服气的逆反心理，说不定从此便会与你结下难解之仇，工作中有意给你拆台，故意让你出丑。

（3）要敢于承担责任，以大度容傲才，这种人干什么工作都掉以轻心，即使再重要、再紧迫的事情，他们也会表现得漫不经心。所以，常常会因其疏忽大意而误事。作为上司切不可落井下石，一推了之，要勇敢站出来替部下承担责任，使他感到大祸即将临头，领导一言解危。日后，他在你的面前便不会再傲慢无礼，甚至会对你言听计从。

第十章　带人心：上下一心，众志成城

上级给一尺，下级还一丈

管理企业的本质在于经营人，因为人主导着企业的发展。经营人的核心在于经营人心。一个人心向齐的企业具有无限能量，而人心涣散的企业最终难逃失败的命运。

注重对人心的经营，在阿里巴巴董事局主席马云的创业历程中，表现尤为明显。在马云的领导艺术中，他所信奉的管理理念是“得人心者得天下”、“治人先治心”。阿里巴巴收购雅虎中国，是一场对马云领导才能的巨大考验。当时，雅虎中国的员工，对马云抱有一定的敌视态度。然而，马云却通过一次盛大的“回归”仪式，用行动去化解这些员工心中的敌视，从心理上让这些员工接受自己。同时，不断加强企业文化融合，加强文化治心，最终让员工认同这次并购。

当今管理学上有个“换心效应”：上级给一尺，下级还一丈。作为领导者，如果你能先将你的“仁慈”之心交给下属，下属可能会以十倍的热情和诚心回报给你。

海尔集团作为中国电子信息百强企业之首，无疑是中国民族工业成功的典范，也无疑是20世纪中国出现的奇迹之一。那么，海尔集团是凭借什么走向成功的呢？海尔成功的原因有很多，但最为关键的一点是长久以来海尔的领导者对于员工人心的争取和利用。

走进海尔，在为他们快速增长的市场和财务业绩赞叹的同时，更被他们充满在公司每一个角落和每一个员工身上的灿烂的微笑所感染。海尔并非像外界传闻的那样，除了严格的管理，没有一点人性化的关爱。"海尔人就是要创造爱心，创造感动"，在海尔，每时每刻都在产生感动。

在新员工军训时，人力中心的领导会把他们的水杯一个个盛满酸梅汤，让他们一休息就能喝到；集团的副总专门从外地赶回来，目的就是为了和新员工共度中秋；集团领导对员工的祝愿中有这么一条——希望你们早日走出单身宿舍。首席执行官张瑞敏也特意在百忙之中抽出半天的时间和700多名大学生共聚一堂，沟通交流。对于长期在"家"以外的地方漂泊流浪，对家的概念逐渐模糊的大学生来说，海尔所做的一切又帮他们找回了"家"的温暖。

1991年底，冰箱一厂女工于桂香身患重病，公司领导十分关注她的病情，集团副总派人把她的CT检查片从医院借出，先后请数名专家教授会诊，经第二次检查，最后确诊为"肝脓肿"，使于桂香有了生的希望。更令人感动的是，在于桂香做手术时，公司的几位领导在病房外站了6个多小时，直到手术结束。

正是由于这种对"人心"的重视，海尔才建立起了一种"用爱心创造感动"的企业文化，这种企业文化充分调动了员工的积极性，维系了员工对企业的绝对忠诚。

在团队管理中，人心是一笔无形的财产，是一笔永远不可忽视的巨大财富。人是最大的生产力，任何领导者都需要把经营人心放在企业文化的高度来实施。有远见的领导者明白人心所向，上下才能形成合力，才能所向披靡，所以很多时候都会使用仁慈的手段来征服人心。

鼓励员工说出心里的不快

美国芝加哥郊外的霍桑工厂，是一个制造电话交换机的工厂。这个工厂建有较完善的娱乐设施、医疗制度和养老金制度等，但员工们仍愤愤不平，生产状况也很不理想。为探求原因，1924 年 11 月，美国国家研究委员会组织了一个由心理学家等各方面专家参与的研究小组，在该工厂开展了一系列的试验研究。

这一系列试验研究的中心课题是生产效率与工作物质条件之间的关系。这一系列试验研究中有一个“谈话试验”，即用两年多的时间，专家们找工人个别谈话两万余人次，并规定在谈话过程中，要耐心倾听工人们对厂方的各种意见和不满，并做详细记录，对工人的不满意见不准反驳和训斥。

这一“谈话试验”收到了意想不到的效果：霍桑工厂的产量大幅度提高。这是由于工人长期以来对工厂的各种管理制度和方法有诸多不满，无处发泄，“谈话试验”使他们的这些不满都发泄出来，从而感到心情舒畅，干劲倍增。社会心理学家将这种奇妙的现象称为“霍桑效应”。

霍桑试验的初衷是试图通过改善工作条件与环境等外在因素，从而提高劳动生产效率。但是，通过试验，人们发现，影响生产效率的根本因素不是外因，而是内因，即工人自身。因此，要想提高生产效率，就要在激发员工积极性上下功夫，要让员工把心中的不满一吐为快。

工作效益与制度的人性化和员工的良性情绪有关系。员工心情舒畅，干劲才会倍增。如果领导者只是根据效率要求来刻板管理，而忽略工人的心理感受，必然会造成双方情绪的不快，影响生产率的提高和目标的实现。所以，提高工人的满意度是企业管理中最重要的一项内容。

领导者应当从“霍桑效应”中有所感悟。目前，企业管理界对“霍桑效应”的应用主要表现在对员工不良情绪的疏导上。比较常见的方法有：设立“牢骚室”，让人们在宣泄完抱怨和意见后，全身心地投入到工作中，从而使工作效率大大提高。日本的一些企业做得更有意思，他们在企业中设立“特种员工室”。在“特种员工室”里陈设有经理、车间主管、班组长的人偶像及木棒数根，工人对某管理人员不满，可以用木棒打自己所憎恨的人偶像，以泄愤懑。

近年来，法国还出现了一个新兴行业—运动消气中心，仅巴黎就有上百个。出此创意的人大都是运动心理专业的，他们认为运动可以解决人们的心理问题，尤其是心情积郁等诸多问题。每个运动中心都聘请专业人士做教练，指导人们如何通过喊叫、扭毛巾、打枕头、捶沙发等行为进行发泄。也有的通过心理治疗，先找出“气源”，再用语言开导，并让“受训者”做大运动量的“消气操”。这种“消气操”也是专门为这项运动设计的。

无独有偶，近几年来在美国也诞生了各种专供人在受了委屈后发泄的“泄气中心”。在这里，他们采用发泄疗法对有怨气的人施治，具体形式为：召集有怨气的人围坐在一起，让大家毫无顾忌地发怨气、倒苦水。每当这些人从泄气中心走出来后浑身都感到轻松，感觉像是换了一个人。

员工的心情决定生产效率。优秀的领导者不仅要管好员工的物质生活，更要管好员工的内心情感和精神生活。霍桑效应充分说明了这一点。想方设法让员工的不良情绪发泄出来，他们才能以绝佳的精神面貌投身到工作中去。当员工发自内心地去工作时，管理就会变得异常简单。

说理和命令相结合

坚定可以让团队成员更相信我们，但不容置疑式的强悍就有些过头了，会让下属反感，觉得自己被小觑了。因此，要不时的变换思维，带领团队，大家与自己做一件事的时候，要学会引导。要把自己的愿景和想法讲给他们，同时也要将自己的愿景为什么能够实现，自己的想法为什么有道理讲给他们听。当然，更重要的是，要告诉对方，跟我们一起工作对他们有哪些好处。只有给对方充分的理由，然后加上坚定的态度，才能够让对方真正接受我们，从而愿意一起跟我们去做：

那种单纯的，极其强势的用命令口吻去跟员工打交道的方式是最不可取的。哪怕面对的是自己的属下，也多半不会有好的效果。对方或许会因为我们职位更高而不当面反驳我们，但内心一定是有抵触情绪的。从而在工作的时候大打折扣，所谓在我们面前点头，在我们背后偷懒，多半是因为此。所以，作为领导，还是要说理和命令相结合，这样才能有最好的效果。下面我们就看看马云是怎么说的。

“我有一个想法和要求，希望在座的每个人，不管你以前干什么的，我们正视互联网，欣赏互联网。这个东西真奇怪，我们以前搞死也搞不过它，越来越搞不过它，我们还很弱小，我们到现在为止没有超过100亿美金市值的公司，你说能成为世界级的伟大公司吗？人家都搞到1700亿了。但是不等于不存在互联网的精神。

“我为什么去做阿里妈妈（阿里妈妈是阿里巴巴公司旗下的一个全新的互联网广告交易平台）？因为互联网的文化是一个生态链，互联网绝对不可能成为几个超级大网站独霸的天下。海洋里面不可能只有几条鲸鱼、鲨鱼，而没有大量的虾米。没有小的东西，鲨鱼、鲸鱼都会死掉的。阿里巴巴必须要有生态链，我们必须为将来自己生存的环境而发展。

“无数的中小网站、博客、论坛，这些不活下来的话，我们鲨鱼会死掉的。为这些环境做事情的时候，你这个企业会做得更强大。阿里巴巴要感谢中小型网站，没有中小型网站，新浪、网易门户封杀的时候，淘宝就没了。我们是要构建互联网的生态链，至于赚不赚钱，我们forget it（不在意）。

“今天阿里巴巴有这个能力做一些围绕着战略做的事情，战略永远是重要而不紧急的事情，但生态环境是很重要也很紧急的。”

开头的第一句话，便是有命令意味在里面的，不过并不强硬，更重要的是，紧接着不是下达具体的命令，而是告诉人们为什么要执行这个命令，他的道理在哪里。这样的讲话方式效果就会很好。它是引导式的，而不是粗暴强硬式的。

人都是或多或少有些自负情结的，因此当听到别人粗暴强硬的命令自己的时候，总会觉得不舒服，从而有抵触情绪。我们要做的不是用更加的强硬将这种抵触情绪压制下去，而是用其他的办法将之消灭。最好的办法就是命令和引导结合，让它根本就没有出现的机会。

要知道，让别人按照我们的意愿做事，并不是让别人成为我们的附庸，而是拉上别人一起去做一番事业。因此，切不可以摆出自己是老大的架势来，用不容置疑的态度跟员工相处。那样是摆错了自己的位置，同时也背离了我们的初衷。

叫出员工的名字，让他感受到重视

作为团队的领导者，如果能够记住每一个员工的名字，会让员工感觉受到重视，不管是对领导者个人的认同还是对企业的忠诚感，都会大幅增加。用心记住每一个人的名字可能有点麻烦，但这点付出跟收获相比，实在是不算什么。

安德鲁·卡内基被称为钢铁大王，但他自己对钢铁的制造懂得很少。他手下有好几百个人，都比他了解钢铁。

但是他知道怎样为人处世，这就是他发大财的原因。他小时候，就表现出组织才华。当他 10 岁的时候，发现人们把自己的姓名看得很重要。而他利用这项发现，去赢得别人的合作。例如，他孩提时代在苏格兰的时候，有一次抓到一只兔子，那是一只母兔。他很快发现多了一窝小兔子，但没有东西喂它们。可是他有一个很妙的想法。他对附近的孩子们说，如果他们找到足够的苜蓿和蒲公英，喂饱那些兔子，他就以他们的名字来给那些兔子命名。这个方法太灵验了，卡内基一直忘不了。好几年之后，他在商业界利用类似的方法，赚了好几百万元。例如，他希望把钢铁轨道卖给宾夕法尼亚铁路公司，而艾格·汤姆森正担任该公司的董事长。因此，安德鲁·卡内基在匹兹堡建立了一座巨大的钢铁工厂，取名为“艾格·汤姆森钢铁工厂”。

当卡内基和乔治·普尔门为卧车生意而互相竞争的时候，这位钢铁大王又想起了那个关于兔子的经验。

卡内基控制的中央交通公司，正在跟普尔门所控制的那家公司争生意。双方都拼命想得到联合太平洋铁路公司的生意，你争我夺，大杀其价，以致毫无利润可言。卡内基和普尔门都到纽约去参加联合太平洋的董事会。有一天晚上，他们在圣尼可斯饭店碰头了，卡内基说：“晚安，普尔门先生，我们岂不是在出自己的洋相吗？”

“你这句话怎么讲？”普尔门问道。

于是卡内基把他心中的话说出来——把他们两家公司合并起来。他把合作而不互相竞争的好处说得天花乱坠。普尔门倾听着，但是他并没有完全接受。最后他问：“这个新公司要叫什么呢？”

卡内基立即说：“普尔门皇宫卧车公司。”

普尔门的眼睛一亮。“到我房间来，”他说，“我们来讨论一番。”这次讨论改写了美国工业史。

安德鲁·卡内基以能够叫出许多员工的名字为傲；他很得意地说，当他亲任主管的时候，他的钢铁厂未曾发生过罢工事件。

每个人都有仅属于自己的名字，很多人终其一生只用一个名字，这是他生存与贡献的全部标志，因而人们对于名字的热衷是很常见的现象。

一名政治家所要学习的第一课是："记住选民的名字就是政治才能。记不住就是心不在焉。"著名的富兰克林·罗斯福总统就是一位如此出色的人。

克莱斯勒汽车公司为罗斯福先生制造了一辆特别的汽车，张伯伦及一位机械师将此车送交至白宫。

"当我到白宫访问的时候"，张伯伦先生回忆道，"总统非常愉快，他称呼我的名字，使我感到非常安适，给我留下深刻印象的是，他对我要说明及告诉他的事项真切注意。这辆车设计完美，能完全用手驾驶，罗斯福对围观的那群人说：'我想这辆车非常奇妙，你只要按一下开关，即可开动，你可以不费力地驾驶它。我以为这车极好—我不懂它是如何运转的。我真愿意有时间将它拆开，看看它是如何发动的。'

"当罗斯福的许多朋友及同仁对这辆车表示羡慕时，他当着他们的面说：'张伯伦先生，我真感谢你，感谢你设计这车所费的时间、精力。这是一件杰出的工程！'他赞赏辐射器、特别反光镜、钟、特别照射灯、椅垫的式样、驾驶座位的位置和衣箱内有不同标记的特别衣柜。换言之，他注意每件细微的事情，他了解这些有关我的情况是费了许多心思的。他特别注意让这些设备引起罗斯福夫人、劳工部长及他的秘书波金女士注意。他甚至还对老黑人侍者说：'乔治，你特别要好好地照顾这些衣箱。'

"当驾驶课程完毕之后，总统转向我说：'好了，张伯伦先生，我想我要回去工作了。'

“我带了一位机械师到白宫去，他被介绍给罗斯福。他没有同总统谈话，而罗斯福只听到他的名字一次。他是一个怕羞的人，站在后面。但在离开我们以前，总统找寻到这位机械师，与他握手，叫出他的名字，并谢谢他到华盛顿来。他的致谢绝非草率，的确是一种真诚，我能感觉得到。回到纽约数天之后，我接到罗斯福总统亲笔签名的照片，并附有简短的致谢信，再次对我给他的帮忙表示感激。他如何有时间这样做真令我感到奇妙无比！”

富兰克林·罗斯福知道一个最明显、最重要的得到好感的方法，就是记住别人的姓名，使别人觉得重要—但我们有多少人这么做呢？

所幸的是，总有一些“幸运者”知道了这个“秘密”，而为罗斯福总统竞选做出过重大贡献的吉姆·法里，就是这么一位同总统一样善于记住他人姓名的人。

名字能使人出众，它能使人显得独立。我们的要求和我们要传递的信息，都必须从我们的名字这里着手，这就显得名字特别的重要。

1898 年的时候，纽约的洛克兰郡发生了一场悲剧。有个小孩死了，而在这特别的一天，邻人们正准备去参加葬礼。吉姆·法里走到马房，去拉他的马。地上积着雪，寒风凛冽。那匹马好几天没有运动了，当它被拉到水槽的时候，欢欣鼓舞起来，把两腿踢得高高的，结果吉姆·法里被踢死了。

吉姆·法里留下了一个寡妇和三个孩子，以及几百块钱的保险金。

他的长子小吉姆才只有 10 岁，为了家中的生活，就去一家砖厂做工，他把沙土倒入模子里，压成砖瓦，再拿到太阳下晒干，小吉姆没有机会受更多的教育，可是他有爱尔兰人达观的性格，使人们自然地喜欢他，愿意跟他接近。他后来参政多年后，逐渐养成了一种善于记忆人们名字的特殊才能。

小吉姆没有进过中学，可是到46岁时已有4个大学赠予他荣誉学位。他当选为民主党全国委员会主席，担任过美国邮务总长。

一次，有记者去采访吉姆先生，向他请教成功的秘诀。他简短地告诉记者：“苦干！”记者显然对这个回答不满意，就再次请教。吉姆就让记者分析他成功的原因，记者说他知道吉姆能叫出一万个人的名字来。

吉姆对此进行了纠正，他说他大约可以叫出五万个人的名字。

在小吉姆·法里为一家石膏公司到处推销产品的那几年，在他身为石点镇上一名公务员的那几年间，他建立了一套记住别人姓名的方法。

开始的时候，只是一个非常简单的方法。每次他新认识一个人，就问清楚他的全名，他家的人口，他干什么行业，以及他的政治观点。他把这些资料全部记在脑海里，而第二次他又碰到那个人的时候，即使是在一年以后，他还是能够拍拍对方的肩膀，询问他的太太和孩子，以及他家后面的那些向日葵。难怪有一群拥护他的人！在罗斯福竞选总统的活动展开之前的几个月中，吉姆一天要写数百封信，分发给美国西部、西北部各州的熟人、朋友。而后，他乘上火车，在19天的旅途中，走遍美国20个州，经过12000里的行程。他除了坐火车外，还用其他交通工具，像轻便马车、汽车、轮船等。吉姆每到一个城镇，都去找熟人做一次极诚恳的谈话，接着再赶往他下一段的行程。当他回到东部时，立即给在各城镇的朋友每人一封信，请他们把曾经谈过话的客人名单寄来给他。那些不计其数的名单上的人，他们都得到吉姆·法里的信函，那些信都以“亲爱的比尔”或“亲爱的佐”开头，结尾总是签上“吉姆”。

记住他人的名字并不是件非常困难的事，它甚至只要求我们多留点心而已。但是它的效果却是非常显著的，领导者何不花点心思在这件小事上呢？

让别人成为英雄

德鲁克说：“领导就是把一个人的眼界提到更高的水平，把一个人的成就提到更高的标准，使一个人的个性超越他平常的限制条件。”德鲁克认为，只要有正确的领导方法，员工的潜力是无限的。著名科学家爱因斯坦说过：“与应有的成就相比，每个人只能算是‘半醒者’，大家往往只用了自己原有智慧的一小部分。”因此，最好的带队之道就是鼓励和激励下属，让他们了解自己所拥有的宝藏，善加利用，发挥它最大的神奇功效。

张安国是北京一家公司的总经理，也是一位精于带领团队的领导者。他很少介入具体的管理工作，公司的经营管理、具体业务方面的事情他出面的时候很少，甚至厂商都不认识他，张安国也很少和厂商打交道。他倾向于把人员组织起来，把事情分配下去，考核结果。只有发现结果有问题的时候，才去看一看，这人有没有选对。

张安国有 7 个知根知底、合作多年、十分能干的副总，所以，他可以什么具体事也不用管，“我不可能帮着做他们分管业务的事，我的思路可能和他们不一样。我做浅了，他们不满意；我做深了，又可能会对他们的风格产生影响，这样更麻烦。”

张安国经常出差，去各专卖店转转，“不是具体指导他们做什么，就是和经理们聊聊，也不解决什么问题，别人一提什么问题，我就说，好吧，你这事跟副总经理李为说说。我要做的主要是人际方面、理念方面的沟通，以及看看不同城市市场的变化情况。”真正需要张安国做的事，通常是和人谈贷款、谈合作、沟通联络，等等。白天，张安国没有具体明确的事要做，他可以自由安排自己想做的事，给专卖店经理打打电话、上网逛逛，或者看看报，张安国有时一看报纸就看半天。

张安国总能如此地潇洒清闲？“有些事情急的时候也很急，贷款没有如期下来，那也是焦头烂额的，但这个急不是企业具体事务的急。我所做的都是单件事情，而且是由我来出面相对比较好的；他们出面比较好时，我肯定不管。出了问题，肯定是他们的事，我一管，他们的责任心反而下降了。”

当然，没有副总们的精明能干，就不会有张安国这般超脱，他也不能如此超脱。但企业发展到一定规模的时候，确实需要领导者从繁琐的事务性劳动中解脱出来，去考虑更为宏观的事情。只有当事情没法分派给别人做的时候，张安国才亲自去做。张安国十分推崇一句话：“能不能随时离开这个部门，是你是否已经管理好这个部门的唯一标准；能不能随时离开这个公司，是你是否已经管好这个公司的唯一标准。”

张安国对自己的长短认识得非常清楚，他承认自己是有能力缺陷的企业家。他认为自己并不是一个最好的领导者，所以愿意寻找能力互补的人建立职业管理团队。虽然业内提起公司对张安国的知之甚少，对其下属的名字更熟一些，但这正是张安国要求的效果，他善于找到每项业务的最佳领导者并使该项业务达到极致。

正如一位成功企业家所说："如果最高领导者从来都不让他的副手分享领导权力，分享成功荣誉，而是把功劳全往自己身上堆，那谁还会跟着他干呢？除非是傻瓜。"

张安国善于授权的事例告诉我们，他的成功诀窍就是"让别人成为英雄"。领导者必须有这样一种胸怀，为别人的成就打上聚光灯，而不是为自己。

注重人文关怀，加强情感交流

很多优秀人才离职，归纳其原因，对公司感到失望是最为常见的一条。不要让人才感到失望，成为挑战领导者的一个重要命题，而解决之道就是要注重人文关怀。很多国际上的知名企业非常注重对员工的人文关怀，加强与员工之间的情感交流，从而激发员工的工作热情及对企业的忠诚。

通用电气公司总裁斯通努力培养全体职工的"大家庭感情"的企业文化，公司领导和职工都要对该企业特有的文化身体力行，爱厂如家。从公司的最高领导到各级领导都实行"门户开放"政策，本厂职工随时都可以进入他们的办公室反映情况，对于职工的来信来访也能积极负责地妥善处理。

不仅如此，公司的最高首脑与全体职工每年至少举办一次生动活泼的自由讨论。通用公司像一个和睦、奋进的大家庭，从上到下直呼其名，无尊卑之分，公司成员互相尊重，彼此信赖，人与人之间关系融洽、亲切。

1990年2月，通用公司的机械工程师伯涅特在领工资时，发现少了30美元，这是他一次加班应得的加班费。为此，他找到顶头上司，而上司却对此事无能为力，于是他便给公司总裁斯通写信，“我们总是碰到令人头痛的报酬问题。这已使一大批优秀人才感到失望了”。斯通立即责成最高管理部门妥善处理此事。

3天之后，公司有关部门补发了伯涅特的工资，事情似乎可以结束了，但通用电气公司利用这件为职工补发工资的小事大做文章。第一是向伯涅特公开道歉；第二是在这件事情的带动下，了解那些优秀人才待遇较低的问题，重新调整了工资政策，提高了机械工程师的加班费；第三，向著名的《华尔街日报》披露这一事件的全过程，在美国企业界引起了不小轰动。

这个事情在企业管理界具有示范意义：事情虽小，却能反映出通用公司的“大家庭观念”，反映了员工与公司之间的充分信任。通用电气的成功之处在于抓住了情感管理的要素，在员工与企业间搭建互信的桥梁，上下一心，众志成城。优秀的领导者必须懂得，管理的核心在于管理人心，只有使员工在情感上真正认同公司的管理文化，员工才会满怀激情地自发工作。

利用下属的家属聚拢其心

家庭幸福和睦、生活宽松富裕无疑是下属干好工作的保障。如果下属家里出了事情，或者生活很拮据，上司却视而不见，那么对下属再好也无异于假惺惺。利用对下属亲人的关心，可以使下属感到上司的平易近人和关心爱护，从而将企业当做自己的家。

日本的西浓运输公司，在企业内部设立了一个特殊的假日：本公司员工的妻子过生日时，该员工可以享受有薪假一天，来陪伴他的太太共度爱妻诞辰。当然，员工本人生日，也有带薪休假一天的权利，让夫妻共度良日。后来，公司又规定：员工每年的结婚纪念日可以享受有薪假期一天。

自从有了这几个规定之后，职工们为感谢公司的关怀，都非常卖力地工作，而重要的是让员工的妻子认识到了这是一个能够理解人的、有人情味的公司。妻子们常常鼓励甚至命令她们的先生："效忠公司，不得有误！"这比老板的命令更为有效。公司因此获益匪浅。

利用下属的家属做好下属的思想工作，比起上司亲自做工作省心多了，上司批评可能会产生抵触情绪，而自己的家人批评就会心平气和地接受。同时，关心下属的家属就会减轻下属的顾虑，使得下属以厂为家，能够更好地为企业效力。

据说有一天，一个急得嘴角起泡的青年找到美国钢铁大王卡内基，说是妻子和儿子因为家乡房屋拆迁而失去了住处，要请假回家安排一下。因为当时业务很忙，人手较少，卡内基不想放他走，就说了一通"个人的事再大也是小事，集体的事再小也是大事"之类的道理来安慰他，让他安心工作，不料这位青年被气哭了。他气愤地说："在你们眼里是小事，可在我是天大的事。我妻儿都没住处了，你还让我安心工作？"卡内基被这番话震住了。他立刻向这位下属道了歉，不但准了他的假，还亲自到这位青年家中去探望了一番。

后院失火，员工自然无心工作。一个优秀的上司，不仅要善于任用下属，更要善于通过替下属排忧解难来唤起其内在的工作主动性，要替下属解决后顾之忧，让其生活安稳下来，集中精力，全力以赴地投入到工作上。

福特公司闻名于全球，公司的文化理所当然也是充满人性化，有一天，公司的社会部长马金博士在整理资料时，发现福特工厂的一个分厂汇报中提到一名叫乔治的70多岁的黑人员工，家庭十分贫困，这么大年纪了，还在公司的停车场干活，始终不肯退休回家，这让马金博士非常震撼。于是，他立即吩咐一个年轻的属下："你辛苦一下，亲自到那个部门去看看吧。"调查结果是乔治的视力已经严重退化，几乎已经失明。

"这个员工的家庭条件怎么样呢？"马金博士问道。

"他的太太还可以工作，她说如果有适当的机会的话，她很想工作。他们家住的房子还有几间是空着的，另外，他太太还带来了一个25岁的孩子，他是在别的工厂里工作的，每周的工资是25美元。"

"那就好，我们有办法来解决这个问题了。"马金博士立刻决定，先把他们的那个孩子叫到福特工厂里来上班，每天的工资6美元，但是条件是他必须要负责赡养自己年老的父母。

员工家里空着的房间，马金博士吩咐属下为其寻找适当的房客，他太太可以做一些洗衣服的工作，而老人则可以在他家的附近给别人家看看房门。这样的工作很轻松，他做起来完全没有太大问题。就这样，在马金博士的关心下，这位福特员工家里的每个人都有了自己工作，家庭的收入很快就增加了两倍以上，他给这位年老的黑人家庭带来了温暖和幸福。

福特公司的这种像关心自己的家人一样来关心公司员工的方针，使公司的每一个员工都备受感动，他们觉得公司就是他们另外一个家。在这种以公司为家的思想鼓舞之下，员工的主人翁精神得到了前所未有的发展，福特公司的生产效率也得到了明显的提高，这其实是种企业文化的体现。为下属解决后顾之忧必须做到以下三点：要摸清下属的基本情况；关心必须出于一片真心；上司对下属的帮助也要量力而行，不要开实现不了的空头支票。

善待老员工，下属看得见

“老吾老以及人之老，幼吾幼以及人之幼”，这句古训名言教给了我们做人的道理。这个道理也同样适用于团队管理之中。团队管理中如何“老吾老以及人之老”？

就是要善待老员工，任何时候都不能扣减老职工的工资，降低退休职工的工资（养老金），不能因为老职工的工资高而愤愤不平，因为老员工在企业的发展中起着不可限量的作用。

日本著名企业家稻盛和夫在他的企业管理中始终以利他的思想来作为指导。他十分重视老员工的利益，即使在经济危机中的困境中，他还是向员工作出承诺，绝不裁员。当然，他也十分重视在企业中安置、任用老员工。正是由于稻盛和夫这种绝不将老员工弃之不顾的人文关怀，使他经营的企业渡过一次次的难关，跻身世界五百强。

老员工是企业中一个特殊的群体，他们是开拓者，是先行者；他们见证了企业的发展历程，与企业一同经历过失败与成功；他们忠诚于企业，所以不能将老员工弃之不顾，要善待老员工，留住这些“宝藏”，他们会继续发光发热，为企业的发展提速。

企业善待这些老员工，能让新员工从他们身上学到敬业精神，企业从他们身上得到的是稳定发展的力量，还能让新员工了解公司的待人之道，让新员工了解公司的员工福利政策。

每个人都有一个最佳工作的年龄阶段，老员工在企业开创时，奉献自己的精力、体力、才能。过了这个阶段，人创造财富的能力就会下降，如果在这时抛弃老员工了，就是不道德。其次是集团的财富不是凭空而来的，而是一步一步地积累起来的；尽管一些老员工因年龄关系不能再工作了，但这里面有他们的功劳，应该让他们得到一份待遇享受。

但是有一些企业一方面不遗余力地培养新人，给他们创造种种条件，不惜花大量时间、精力和金钱培养年轻人，另一方面对老员工越来越冷漠、排挤，新人越来越傲慢、光鲜。这样做对内对外都有一种导向作用—今天的新员工，就是明天的老员工，如果你不能善待老员工，哪个新员工还有心在你的企业里待下去？外面哪个人才还敢到你这里来服务呢？

其实善待老员工更有助于企业的发展，企业善待老员工一方面可以给企业做宣传，这将吸引新的人才；另一方面，老员工相对熟悉公司的各种制度、经营状况，他们可以带新的员工熟悉公司，而且还可以给新人树立榜样。

善待老员工的企业能形成一种人气旺盛、内和外助的企业经营文化氛围，在这种文化氛围中发展的企业当然能业绩蒸蒸日上、蓬勃发展。

有一位企业领导人在谈到成功经验时说，他们之所以能够取得如此骄人的业绩，是全体员工共同努力的结果，所以他们企业现在拥有的所有资产不是他一个人的，也不是某个股东的，而是全体员工的，因为企业是全体员工创造的。

他又说，虽然企业现在吸纳全球各地的人才。但他始终不忘老员工，凡在他企业工作过的人，都能受到很好的待遇，特别是那些开创者，要让他们终身享受丰厚的待遇。

团队领导者应该既要善待新人，更要善待老员工，因为这是保证企业持续、稳定、快速发展所必需的。稻盛指出，企业不能以改革为名，损害老员工利益，只有保障老员工的利益，才算是对企业的前途负责任。

团队领导者应该把保证每位职工得到自己应得的利益看成是企业追求的一个最基本的目标。企业是大家的，由大家创造、由大家分享企业的一切，最终使企业服务于每个人，这个重要思想一直贯穿在企业活动中。正因为这样，企业才能深深地扎根在每个员工的心目中，才能深深地扎根在社会生活的土壤里，才能生机勃勃，日益健旺。

对无心之错，该宽恕时就宽恕

领导者对于下属的过失性错误一定要宽容，这样才能赢得下属的追随和拥戴。这里的过失是指并非因为主观意图，而是出于轻信或者疏忽大意的心理状态而导致犯错误。由于人的思维有限，可能考虑不周，过失难免，并非其主观意图所致。对这类错误，容之，则宽其心，去其疑；不容，则使其谨小慎微，不敢进取。因此领导者应该有宽容之心。

春秋五霸之一的楚庄王，有一次邀宴群臣，要众人不分君臣，尽兴饮酒作乐。当君臣正打成一片时，突然一阵风吹熄灯火，全场一片黑暗，有人趁机调戏楚庄王的爱妾。爱妾扯下这个人的冠缨，暗中向楚庄王诉苦："请大王赶快把灯点燃，只要看到谁的冠缨断了，就可以证明谁是调戏妾的人。"

楚庄王却说："咦，寡人不是宣布这是一个不拘礼节的酒宴吗？怎么可以因为这件事而让我的臣子受辱呢？"楚庄王大声地宣布："谁不扯断冠缨，就要接受重罚。"当灯光再亮起，群臣都已经拔去冠缨，无法找出谁是调戏楚庄王爱妾的人了。

两年以后，晋军大举攻楚。这个时候，有一名将领勇往直前，杀敌无数，全军都向他看齐，终于击退晋军。楚庄王召见这位将领说："此次战役多亏你奋勇骁战，鼓舞士气，才能打败晋军。"这个将领却泪流满面地说："臣就是在两年前的酒宴中调戏大王爱妾的人，当时大王能够重视臣的名誉，不予处罚，还为臣解危，才使臣不致丢脸。从此以后，臣就决心效忠大王，等待机会为大王效命了。"

许多领导者对待犯了错误的下属，不是将其调走，就是降级使用，或是不再给予重要性的工作。其实，下属犯了错误，最痛苦的是其自身，应该给其改正错误的机会。

美国通用电气公司的一位部门经理，由于在一笔生意中判断错误，使公司损失了几百万美元。公司上下都认为这个经理肯定会被炒鱿鱼，这位经理也做好了被炒的准备。他向总裁检讨了错误并要求辞职。然而杰克·韦尔奇却平静地说："开除了你，这几百万学费不是白交了。"此后，这位经理在工作中为公司创造了巨大的经济效益。

按理说，这位经理造成了这么大的损失，开除也不为过，至少在某些领导者那里一定会电闪雷鸣地大加训斥一顿。但这样领导者就会造成下属与自己对立的局面，不仅剥夺了下属改正和证明自己的机会，还会损害下属的忠诚。

宽恕下属的错误，不仅能使员工自己知错就改，从内心出发真正愿意去修正错误的方式，还能让下属对领导者产生感恩之心。这样领导者就轻而易举地获得了员工的忠诚。

下　篇

招数用对，自己不累

第十一章　激励：刚柔并济，软硬兼施

压力管理与奖励管理双管齐下

台湾著名的企业家、台塑集团创办人王永庆，被誉为台湾的“经营之神”，他的经营管理之道备受推崇。如今，很多中国台湾企业家都将王永庆的管理经验当作最为实用的教科书。

曾有外国记者这样评价过王永庆：“他的行事手段近乎残忍，秘诀是对工作细节和工作时间毫不留情地苛求。他手下的管理人员若换成西方人，恐怕早被他折磨死了。”

王永庆有个习惯，每天中午都在公司里吃一盒便饭，用餐后便在会议室里召见各事业单位的主管，先听他们的报告，然后会提出很多细微而又犀利的问题问他们。主管人员为应付这个“午餐汇报”，每周工作时间不少于 70 小时，因为他们必须对自己所管辖部门的大事小事都了如指掌，对部门中出现的问题进行真正的分析研究，才能够过关。

一个主管说道：“跟董事长（王永庆）一起开会，主管们的压力很大，董事长问的问题很细，所以大家的资料都要准备得非常充分。即使主管们无法回答董事长王永庆的问题，也不会遭到所谓的严厉批评，但是，有那么多主管一起开会，自己（如果回答不了）也会不好意思，所以大家都要尽力准备，压力很大。”

由于在吃饭的时候压力过大、过度紧张，台塑的主管人员很多都患有胃病，医生们戏称是午餐汇报后的“台塑后遗症”。

在台塑企业中，管理人员和员工们对王永庆的印象是：他是一位“非常仁慈、管理非常严的董事长，他对部属非常好，但在工作上的要求很严格”。

事实上，王永庆每周的工作时间都在100小时以上。整个庞大的企业都在他的掌握之中，他对企业运作的每一个细节也都了如指掌。

王永庆这样做，就是人为地造成企业整体有压迫感和让台塑的所有从业人员有压迫感，使得全体员工“动起来”。在他的观念中，压力管理并不仅仅是管理层对下属施加压力进行管理，而是本身就要有压力，只有在压力下，企业才会有长足的发展。在一次研讨会上，王永庆曾说：“如果台湾不是幅员如此狭窄，发展经济深为缺乏资源所苦，而台塑企业可以不必这样辛苦地致力于谋求合理化经营，就能求得生存发展的话，我们能否做到今天PVC塑胶粉及其他二次加工均达世界第一，不能不说是一个疑问。今天台塑企业能发展到营业额年逾1000亿台币的规模，就是在压力逼迫下，一步一步艰苦走出来的。”

如今，台塑的企业规模越来越大，生产PVC塑胶粉粒的原料来源是一个越来越严峻的问题。台塑在美国有14家大工厂，但台塑与拥有尖端科技的美国对手竞争，压力之大可想而知。王永庆始终坚信“一勤天下无难事”，他一贯认为承受适度的压力，甚至主动迎接挑战，更能充分表现一个人的生命力。

“压力”是必要的，但是合理的激励机制也是不可缺少的。王永庆对员工的要求虽近苛刻，对员工的奖励却极为慷慨。

王永庆给员工们的激励方式有两种，一种是物质的，一种是精神的。台塑的金钱奖励以年终奖金与改善奖金最有名。王永庆私下发给干部的奖金称为“另一包”（因为是公开奖金之外的奖金）。“另一包”又分两种：一种是台塑内部通称的黑包；另一种是给特殊有功人员的杠上开包。1986 年黑包发放的情况是：课长、专员级新台币 10 万～ 20 万台币；处长高专级 20 万～ 30 万台币；经理级 100 万台币。同时给予特殊有功人员 200 万～ 400 万台币的杠上开包。业绩突出的经理们每年薪水加红利可达四五百万，少的也有七八十万台币。此外还设有成果奖金。对于一般职员，则采取“创造利润，分享员工”的方法。奖励丰厚，所以员工们都知道自己的努力会得到相应的报酬，因此都拼命地工作，这个奖励制度极大地激发了他们工作的积极性。

在工作和生活中，王永庆非常体恤企业的员工，凡是员工们合理的要求一点都不吝啬。有一天，有位主管红着脸到王永庆的办公室报告公事，见到王永庆后这位主管先坦白，前一天晚上与客户喝酒，残酒未退，加上受到腮腺炎影响，脸才会红红的。王永庆不高兴地说，不会喝酒就不要喝，但仍询问这位主管有没有去就医，主管说已到长庚医院脑神经科室就医，王永庆说：“那样看不好，科室不对。”随后王永庆拿起电话，打给台塑集团控股的长庚医院高层，要求马上为这位得腮腺炎的主管挂号。

台塑集团取得如此辉煌的成就，是与王永庆善于用人分不开的。

多年的经营管理实践令王永庆创造出一套科学用人之道，其中最为精辟的是“压力管理”和“奖励管理”这两个法宝。

处罚或奖惩，必须有标准

对待员工要公平，需要建立统一的标准，因为标准统一大家看的明白，受罚或者受奖都心甘情愿。团队里，大多数领导者都能够按照奖罚公平的原则办事，但是，在具体工作当中，他们却通常会不知不觉地违背这一原则。这种违背并不是故意造成的，而是由于对奖罚制度的理解不够深刻而造成的。有这样一个事例：

有一家管理制度非常完善的民营企业。该企业董事长的亲哥哥在公司内担任人力资源部经理。有一次，董事长的哥哥醉酒后上班，于是总经理召集中层以上管理干部开会，讨论对他的处罚。会议还未开始，董事长的哥哥率先道歉：“我应该成为大家的表率，却犯了错误，请求从重处罚。”

但是，没有想到的是，他“从重处罚”的请求非但没有获得董事长的认可，反而招致更了为严厉的批评。董事长说：“请求从重处罚，这违背了公司一直倡导的奖罚公平的原则。所以，你要求从重处罚的错误，比你醉酒上班的错误还要严重！”

经历这件事之后，该企业上下员工都深刻地意识到，企业的管理政策是制度明晰、奖罚分明的。公司的奖罚只与工作能力、工作效果、工作态度相联系，而不与感情、关系等相联系。在这样奖罚规则明确的治理之下，该公司很快得到了迅速、健康的发展。

统一的标准对激励员工积极工作起到了重要的作用，试想，我们奖惩标准不固定，任着领导者自己的心思来，那么就会招致员工抱怨，久而久之就会打消员工工作的积极性，他们不努力，那领导就会受累。

有一个叫李耀的人看准了能源日趋紧张这一市场形势，于是辞了铁饭碗，带着十多个技术人员，下海开了一家节能产品公司。创业初期，举步维艰，只有投入没有产出，研发人员跟着李耀一起加班，为了企业能够在市场大潮中生存下来，大家一起吃苦奋斗。历经 4 年，随着好几款新型节能产品的研发成功，企业得到了飞速发展。

可是正当李耀斗志昂扬准备筹划下一步发展的时候，跟随他一起创业的几位技术骨干突然同时提出辞职。这让一向自认为和员工关系不错的李耀无法理解：为什么当企业得到发展的时候他们却突然选择离开呢？原来，这几位骨干要走，是因为他们对公司有所不满。

公司刚成立的时候，大家都是公司能赚多少就拿多少报酬；随着公司发展，基本仍是李耀给多少，大家就拿多少。虽然李耀开的工资也并不算少，但因为无章可循，没有一个考核标准，很多人觉得付出与回报不成正比。

更令李耀想不到的是，相当一部分员工对公司的奖励制度怀有怨言。特别是公司关键项目的核心设计人员，他们夜以继日地工作为公司的发展立下了不可磨灭的功劳，但是得到的报酬却跟普通员工差不多。同时，由于公司还处在发展阶段，李耀总是考虑把利润用于项目的再投资，想方设法缩减成本，很大程度上忽略了对核心员工的激励。员工工资数额的多少经常根据他的喜好，奖金数额更是没有依据，员工对此颇为不满。

从这个案例可以看出，李耀在管理公司过程中，以个人兴趣和意志代替制度和标准，奖励随意，赏罚不明，没有认识到奖励制度会成为影响公司发展的大问题，结果引发核心员工不满或离职。其实，对于每个员工而言，不仅希望得到合理的报酬，也希望自身能力能够得到进一步提升。所以说，企业内部的奖罚制度要明晰、公平，不能随随便便奖罚。

无论是处罚还是奖励，都要坚持公平公正的原则。因此，领导者应建立员工绩效评估体系，正确评估员工对企业的付出，为实施有效、公正的激励机制提供支持。过重或过轻都是违背公平原则之举，都不应该发生。该怎么惩罚或该怎么奖励，都必须有一套明晰、科学的标准。

给低落者以鼓励，给过度兴奋者泼点冷水

世界网坛名将贝克尔之所以被称为“常胜将军”，其秘诀之一即是在比赛中自始至终防止过度兴奋，而只是保持半兴奋状态。所以有人亦将“倒U形假说”中的“最佳状态”称为“贝克尔境界”。

热情中的冷静让人清醒，冷静中的热情则令人执着。一个领导者只有既会加油又会泼冷水，既要让员工充满斗志，要给他们加油让他们鼓足干劲，必要时给予激励和奖励；但又不能让员工对取得的眼前小小的成绩而得意忘形，造成骄兵必败的结果。只有善于让自己和员工时刻处于“贝克尔境界”，才能算是真正掌握了激励的秘诀。

将军与店主对弈，将军开动脑筋，第一局想以稳对稳。可谁知店主稳中蕴动，机关早成，待将军发觉时败局已定；第二局将军以攻带

守，结果又败一局；第三局，将军屡施绝招，最后仍然“束手就擒”。再看那位店主，三局虽早已过了百余招，老将竟然始终未动。

将军问店主：“上次，你拨动老将，战成一负二和；这次你不动老将，却连胜三局，这是为什么？请指教。”

店主笑道：“上次对弈时战事正紧，您将去前线御敌，我下棋也不可挫伤你的锐气。眼下大军凯旋，将军意气洋洋，我胜您乃是为告诉将军要戒骄戒躁。”

将军听后深受启发，向店主深深地鞠了一躬，从此以后战无不胜。

员工在工作时情绪上也会有高低，为了维持管理工作及员工行为的一致性，领导者必须在员工情绪低落时鼓励他，而在他情绪过高时泼点冷水。

当人处于紧张沮丧的状态时，就兴奋不起来，像一只瘪了的气球软绵绵地贴在潮湿的地面上，这时要通过适当的方法给他鼓气，让气球能够重新轻盈灵活地飞起来。

当一个人处于极度兴奋时，过度激情奔放，同样会失去平衡甚至濒临爆炸的边缘，这时就需要泼冷水适当地泄一下气。

美国国际管理顾问公司老板麦科马克就是既会加油又会泼冷水的管理专家。他手下的员工工作不止一项，责任不止一种。如果一个员工把工作做得在别人看来已经够好了，但他总是能在一些瑕疵上给予员工一些训诫；如果员工感到失望时，麦科马克也很容易找点其他做得正确的事情来鼓励他。

麦科马克会让员工觉得他们必须掂一掂自己的分量，是否具有足够的能力来为他工作。如果有些员工对他做成了一笔生意十分满意时，麦科马克会称赞他做得不错，但他还会说：“国外的代理权给谁拿去了”或“我们为什么不那样做呢”，使他不至于太得意，过于自信或过于自满。

当然有时候也需要用相反的办法。必须提高下属的自信心，例如拍拍他的肩膀表示鼓励，帮助他看到前途。

大卫和德勒是好朋友，有一次他们一起到剧院观看预演。大卫动不动就发脾气，说话的语气全用命令式，而德勒则作风完全相反，他始终在称赞演员较为精彩的一面。剧本是德勒的作品，因而去的时候两人都怀着满心的欢喜。不料一看预演，发现已是到了正式上演的前一天，主角仍没把台词背熟。大卫不禁勃然大怒：“你们到底干什么去了，这样怎么能上演！”

在大卫的责骂下，主角抓紧时间拼命背台词，但到了第二天上演，仍然显得有点结结巴巴。

第一幕结束后，德勒来到后台，用双臂使劲地拥住对方说：“演得不错，相当成功，说话语气也很恰当……”

听了这些话，那位演员精神倍增，信心完全恢复。在以后的几幕中，台词都流利地背诵了出来，演技也发挥得淋漓尽致，台下掌声雷动。

加油和泼冷水都是促进优秀人才成长的方法，如将二者综合运用，更能够起到单纯的加油和泼冷水所难以达到的效果。尊重人才的自尊，从正反两方面鼓励他们，让他们觉得自己的重要性，并在他们表现良好时给予奖励，这些都是很重要的。这种表扬最好是公开的、直接的。

不过你虽然不吝于夸奖下级，却绝不能让他们陶醉在荣誉里；也绝不可让他们觉得只要这一次表现得很好，就可以不必在乎以后的工作成绩。有时候你可以指出下级的一个小缺点，泼点冷水，要求他们达到更高的水平，借此鼓励他们更上一层楼。

对员工该肯定时肯定，该奖励时奖励

当员工完成了某项工作时，最需要得到的是上司对其工作的肯定。作为领导不要吝啬你的信任和赞誉，尤其是在公共场合，激励会使你的部下点石成金，让他随时处于亢奋状态，做起事来事半功倍。

美国一家名为柯林斯的公司，专门生产通信、电子领域的高科技产品。创业初期，举步维艰，在产品研发过程中时常碰到久久不能解决的技术难题。有一次，公司的研发部门被一个技术问题整整困了两个星期。所有的人都为此感到焦急。公司老板给技术研发部门如此训话：如果这样下去，公司的生存就会成大问题。

一天晚上，正当公司老板还在为此大伤脑筋的时候，产品研发部的一位技术人员急急忙忙地闯进他的办公室，大声喊道：我找到解决办法了。老板一跃而起，听完这位技术人员的阐述后，豁然开朗，并立即决定给予这名员工嘉奖。

可是，嘉奖什么呢？他在办公室找了半天，只找到了午餐时剩下的一个苹果。他激动地、毕恭毕敬地把这个苹果送给了这名员工，真诚地说："您辛苦了，请休息一下！"尽管这个奖品极其平常，但这个员工却深受感动，——他觉得自己的努力获得了足够尊重。

这件事情在公司内部传开后，所有的员工都受到了鼓舞，工作积极性和主动性得到了彻底激发。由于不断推出科技含量更高的新产品，该公司成为当年美国最受行业的关注的“后起之秀”企业之一。

“世界第一 CEO”杰克·韦奇说：“我的经营理论是要让每个人都能感觉到自己的贡献，这种贡献看得见，摸得着，还能数得清。”著名的思科公司非常重视用奖励机制来留下人才。在设置薪酬时，思科会进行全面市场调查，确定员工的底薪不是业界最高的，这样，既不会造成企业运营成本过高，也不会因低于行业标准而影响员工的积极性。

调动员工更大积极性的是思科丰富多样的奖金，思科希望员工的收入能够与其业绩更多地挂钩，于是他们以奖金来激励员工。思科的薪酬设置大约分为 3 部分：销售奖金（销售人员）、公司整体业绩奖金（非销售人员）、期权（全体员工）。

思科还设有名为“CAP”的现金奖励，金额从 250-1000 美元不等。一个具有杰出贡献的思科员工，可以由提名来争取奖励。一旦确认，这名员工就可以及时拿到这笔现金奖励。另外，每季度的部门最佳员工都会有国内旅游的机会。

作为全球著名日化企业，宝洁公司的即时激励措施也非常完善，既有荣誉激励，如邀请员工参加各种决策、荣誉称号，书面、口头和大会表扬等，还有如提升工资，给予住房、股票等物质激励。

此外，公司还设立了一个 25%的员工都可以获得的特殊奖励。在获得该奖项后，员工的上级经理就会根据员工的喜好给他奖励。例如喜欢看戏的员工会获得戏票；喜欢美食的员工会得到出去大吃一顿，回来报销的奖赏等。这项既充满个性又非常人性化的奖励，使员工直接感受到了公司领导者对自己的贴身关注，拉近了员工和公司的距离。

激励员工贡献的方式有很多种，领导者可以在每天工作结束前花上一分钟的时间写个便条，对表现好的员工表示称赞；也可以通过走动式管理的方式观察员工，对表现好的员工及时鼓励；或者抽空和员工一起吃个午餐、喝杯咖啡。只要领导者多花一些心力，员工就能从中得到莫大的鼓舞和安慰，从而使工作业绩大幅上升。

另外，激励员工时应该明确，让他知道奖励的原因，这样才能有的放矢，取得良好的效果。假如只是模糊的称赞，说："你做得不错！"那样对员工来说意义就很小，团队领导者应该明确指出，员工哪些工作做得很好，好在哪里。否则，就会产生负面效应，容易对员工造成误导，最后出现领导者不希望出现的行为。

奖励注意时效，做事事半功倍

"奖励一个人，激励上百人"，要达到这样的效果，需要奖励有适当的时效。著名管理顾问尼尔森特别强调，赞美员工需符合"即时"原则。有时一项任务完成很久了员工都没得到应得的奖励，等到他得到奖励时，他差不多早已忘了自己为什么得到奖励。这时，奖励已经失去了所有的激励效力。为了避免发生这种情形，团队领导者最好在员工出色完成任务时立即通过奖励来表达反应。

古人提倡"赏不逾时"，这就说明及时激励的核心是一个"快"字，激励只有及时才能使人们立刻意识到做好事的利益或做坏事的恶果，所以给人奖赏不能错过好的时机。

古时候有一个官员非常喜欢吃叫花鸡。要求厨师每天都要为他准备一只。可是叫花鸡端上来后官员发现，鸡总是少了一条腿。对此这个官员很是奇怪，于是责问厨师："你是不是把另外一只鸡腿偷吃了？"厨师很无辜地说："不是呀！是我们养的很多鸡本来就是一条腿，不信的话您到后院看看。"官员觉得莫名其妙，于是跟着厨师来到后院一看，每只鸡都一条腿站着呢。见此情景厨师得意地说："老爷，您看！这些鸡可都是一条腿。"这个官员当然知道这是鸡睡觉的习性，于是大声鼓掌，鸡全部被惊醒，另一条腿都被放了下来。因此大官指责厨师道："你还想骗我？你看！这鸡不都是两条腿吗？"厨师嬉皮笑脸地答道："老爷，我上菜的时候可从来没见您鼓掌。以后上菜的时候请你鼓鼓掌，那么叫花鸡就是两条腿啦！"

还有一个例子，在饭店工作的员工小马发现，每个到饭店就餐的人都对桌子上的瓜子非常感兴趣。不管是否喜欢吃，反正他们一坐下就开始抓起瓜子，一粒接一粒的磕起来。即使中途出去接电话或者上厕所，回来还是很自然的抓起瓜子嗑。这到底是为什么呢？小马为了这个问题去请教心理学专家。心理学专家对此解释是：每嗑开一颗瓜子，人们马上就会享受到一粒香香的瓜子仁。这是对嗑瓜子的人即时的回报，在这种即时回报的激励下，人们不停地去嗑下一颗瓜子。另外，一盘瓜子嗑起来后，不一会就有一堆瓜子皮产生，这会使人们产生比较明显的成就感。

这个案例对企业管理具有相当的警示作用。作为一名团队领导者，如果有办法能让他的员工像嗑瓜子一样愉快地完成工作，那么他无疑是成功的。团队领导者应该懂得，对于员工每一次完成任务都应该给予及时的激励。也就是说在员工完成任务以后，第一要激励，第二是要马上激励。下属的任务就是嗑开瓜子，而团队领导者对下属的态度就是瓜子仁。如果下属连续两次吃到坏瓜子（不为领导重视，或者不能获得奖励），那么，下属肯定不愿意再嗑瓜子了。如果你的某个下属这个月任务完成得很好，那么就应该按照制度当月兑现你给予他的奖金承诺，不要拖到下个月或者下下个月，更不能闭口不谈兑现奖金的事。否则员工的工作热情会因为出色的工作表现而没有得到上司的及时肯定或者奖励而衰退。

企业以追求效益最大化为目的，而员工业绩的最大化本身就是企业效益最大化的基础，因此领导者必须把握激励的及时原则，以使员工业绩最大化。在员工有良好的表现时，就应该尽速给予奖励。不要等到发年终奖金时，才打算犒赏员工。等待的时间越长，奖励的效果越可能打折扣。团队领导者应该明白的是，激励员工，受益的不仅仅是员工，企业从中的受益更大。

高收入总是带有诱惑力

在对员工进行行为激励的过程中，领导者要充分认识到，员工对高收入以及优厚报酬的追求是永恒的，只有在充分认识到员工的物质需求后才能进行有效的激励。而团队管理应遵循的一个基本原则就是不断满足员工日益增长的物质需求。

虽然拿破仑说过："金钱并不能买来勇敢。"但为了保持部队的士气，他还是慷慨地给立下赫赫战功的官兵丰厚的物质奖赏。单单在征服普鲁士、打败沙俄，签订《提尔西特和约》后，拿破仑就一次奖励给内伊元帅 30 万金法郎，贝尔蒂埃元帅 50 万金法郎，达乌元帅 100 万金法郎，其他实际参战的元帅和军官也都获得了奖赏。

在经营管理史上，首先用高薪的是福特汽车公司的奠基人亨利·福特，而他也用高薪赢得了高效。在引进流水线来生产汽车后，福特进行了一项创新：每天支付给员工 5 美元的工资。当时美国人的平均日工资大约是 2 美元，听到这个消息很多人嘲笑他："福特疯了，如此高工资水平将使他破产的！"但是，福特工厂外面的求职者却因为 5 美元的日工资而排起了长队。

其实，这 5 美元含金量是不言而喻的，尽管工资大大提高，福特公司的生产成本竟然还是减少了。正如福特所说："这是我们所做出的最成功降低成本的方法之一。"福特高工资的决策与采用流水线生产方式是密不可分的。因为用流水线组织起来的工人是高度依赖的，假如一个工人旷工或工作缓慢，其他工人就无法完成他们的任务。所以说，这种生产方式需要高素质的工人，而且要员工保证出勤率。为了达到以上儿点要求，最好的手段莫过于给员工支付高薪。实践证明，福特公司工人的流动率下降了，缺勤率下降了，生产率也大大提高了。

与福特公司一样，美国跨国公司辉瑞制药有限公司的成功也是源于给员工高薪。辉瑞制药有限公司中国区人力资源总监在接受记者采访时曾说："作为一名在辉瑞工作多年的员工，辉瑞吸引我的主要原因之一就是它可以满足我的物质需求，通过在辉瑞的工作，我可以有不错的收入来维持我的家庭稳定并且过着体面的生活。其实，员工为什么在这家公司工作，说到底是公司可以满足他们的期望。很多领导者擅用权威式的领导让员工服从，实际上这样做不仅抑制了员工的工作热情，而且这种方法也只适用于少部分的员工。让辉瑞的员工忠心耿耿的秘诀在于让员工满意。其中，满足员工物质的需求是一个重要因素。”

《史记·货殖列传》说：“天下熙熙，皆为利来；天下攘攘，皆为利往。”说的就是人们忙忙碌碌所追求的就是为一个“利”字。上海有一家公司，由于其产品的技术不过关，所以该产品始终无法上市，进退两难。该公司决定招聘技术方面的专家，但懂得该技术的人屈指可数。后来公司领导听说广州一家公司的总工程师有相关技术，于是派人游说这名总工程师，并许诺工资比他原公司高三倍。然而，这个工程师所在公司为留住他这个顶梁柱，也许诺加薪。上海公司的经理想了一下说：“无论广州公司出多少钱留他，再加三倍就是我们的条件。”最后顺利地把工程师挖到了手，技术问题得到了很好的解决，公司赢得了丰厚的利润。

现代企业管理中，金钱是员工的最根本的需求之一，企业要想活力持久就要以“薪”换心。无论对谁，更高的收入总是很有诱惑力的。不管领导者用多么好听的言辞表示感谢，他们最终期望的还是得到自己应得的那部分，让自己的价值得到体现。

精神激励，让员工生死相许的“软投资”

精神激励是从员工的精神需要出发，通过关心、尊重、信任、树立目标感等手段去满足员工各种精神上的需求，从而激发员工的工作热情，达到激励的效果。对于绝大多数人来说，投桃报李是人之常情，领导者用感情来打动员工，得到的回报会更强烈、更深沉、更长久，往往能得到金钱所不能达到的效果。

法国企业界有句名言：“爱你的员工吧！他会百倍地爱你的企业。”索尼公司董事长盛田昭夫也说：“一个日本公司最主要的使命是培养它同雇员之间的关系，在公司创造一种家庭式情感，即经理人员和所有雇员同甘苦、共命运的情感。”日本著名企业家岛川三部曾自豪地说：“我经营管理的最大本领就是把工作家庭化和娱乐化。”《日本工业的秘密》一书中，作者在总结日本企业高效益的原因时也指出：“日本的企业仿佛就是一个大家庭，甚至是一个娱乐场所。日企业所追求的就是这样一种境界。”精神激励法，是让员工有一种生死相许的“软投资”，领导者要在一点一滴中体现关爱，让员工因为满足而产生报恩的心。

有位老板接到一单任务相当重的业务，客户要求必须在半天内把一批货搬到码头上去，而老板手下只有十几个伙计，半天之内很难完成。

为了解决这个问题，老板苦思冥想一夜，第二天一早，他亲自下厨做饭。饭做好了，老板把饭给伙计们盛好，而且还亲手捧到他们每人的手里，把饭给每个伙计时，老板脸上都摆出一副极有深意的表情。一个姓刘的伙计率先接过饭碗，拿起筷子正要往嘴里吃时，一股诱人的香味儿扑鼻而来。他急忙用筷子戳开一个小眼儿，发现竟然有三块油光发亮的红烧肉躺在米饭下面。他终于明白了老板看自己时那意味深长的表情，于是立即转过身，狼吞虎咽地吃起来。一边吃他一边想：“老板真是看得起我，今天我一定要多出点力！”于是那天干活的时候，他一改往日的懒散，把货装得满满的，一趟又一趟来回飞奔，汗如雨下也不顾得擦。整个上午，其他伙计也都和他一样卖力，所以一天的活，只用一个上午就干完了。老板在旁边偷偷乐了起来。

老板为什么要单独在每个人碗底放红烧肉，而不是端在桌子上大家共分享呢？红烧肉单独放在每个人碗里产生的作用，与放在桌上共享的作用，究竟哪个会更大一些呢？很显然，故事中的老板这么做，意在激励每一个人，而那位老板的做法妙处在于，他让每个员工都感到这份激励只是针对自己。如果这碗红烧肉放在桌子上让大家去夹着吃，那手下的人就不会产生如此的感激之情了。正面想一想，老板的这种精明其实也是一种很用心的激励手法。对于管理人员来说，怎样让大家吃红烧肉而且吃得有劲头，是个永恒的且常新的话题。

作为员工，每个人都渴望得到精神激励，在获得有效激励的时候，他们都会因为这种激励而产生自豪感、成就感。从表面上看，老板给了所有员工三块儿红烧肉作为物质激励，但是事实上，老板给予员工的是精神上激励，这种激励使员工意识到自己“与众不同”，为了感激老板的高看，他们自然会认真卖命、愿意“士为知己者死”了。

所以说，如果你是这样一位领导者，就要用良好的工作环境传达关爱之情，有亲自为员工端茶倒水的思想，抓住给员工雪中送炭的时机，了解员工的真正生活。要知道，无薪的精神激励更能体现出领导者的领导能力和管理水平。

当塔底，创双赢

沃尔玛的公仆式领导一直都很有名。早在创业之初，沃尔玛公司创始人山姆·沃尔顿就为公司制定了三条座右铭：顾客是上帝、尊重每一个员工、每天追求卓越。沃尔玛是“倒金字塔”式的组织关系，这种组织结构使沃尔玛的领导处在整个系统的最基层，员工是中间的基石，顾客放在第一位。沃尔玛提倡“员工为顾客服务，领导为员工服务”。

沃尔玛的这种理念极其符合现代商业规律。对于现今的企业来说，竞争其实就是人才的竞争，人才来源于企业的员工。作为团队领导者只有提供更好的平台，员工才会愿意为企业奉献更多的力量。上级很好地为下级服务，下级才能很好地对上级负责。员工好了，公司才能发展好。企业就是一个磁场，团队领导者与员工只有互相吸引才能产生更大的能量。

但是，很多企业看不到这一点。不少团队领导者总是抱怨自己的员工素质太低，或者抱怨员工缺乏职业精神，工作懈怠。但是，他们最需要反省的是，他们为员工付出了多少？作为领导，他们为员工服务了多少？正是因为他们对员工利益的漠视，才使很多员工感觉到企业不能帮助他们实现自己的理想和目标，于是不得不选择跳槽离开。

这类企业的领导者应该向沃尔玛公司认真学习。沃尔玛公司在实施一些制度或者理念之前，首先要征询员工的意见：“这些政策或理念对你们的工作有没有帮助？有哪些帮助？”沃尔玛的领导者认为，公司的政策制定让员工参与进来，会轻易赢得员工的认可。沃尔玛公司从来不会对员工的种种需求置之不理，更不会认为提出更多要求的员工是在无理取闹。相反，每当员工提出某些需求之后，公司都会组织各级管理层迅速对这些需求进行讨论，并且以最快的速度查清员工提出这些需求的具体原因，然后根据实际情况做出适度的妥协，给予员工一定程度的满足。

在沃尔玛领导者眼里，员工不是公司的螺丝钉，而是公司的合伙人，他们尊重的理念是：员工是沃尔玛的合伙人，沃尔玛是所有员工的沃尔玛。在公司内部，任何一个员工的铭牌上都只有名字，而没有标明职务，包括总裁，大家见面后无须称呼职务，而直呼姓名。沃尔玛领导者制定这样制度的目的就是使员工和公司就像盟友一样结成了合作伙伴的关系。沃尔玛的薪酬一直被认为在同行业中不是最高的，但是员工却以在沃尔玛工作为快乐。

在物质利益方面，沃尔玛很早就开始面向每位员工实施其“利润分红计划”，同时付诸实施的还有“购买股票计划”、“员工折扣规定”、“奖学金计划”等。除了以上这些，员工还享受一些基本待遇，包括带薪休假，节假日补助，医疗、人身及住房保险等。

沃尔玛的每一项计划几乎都是遵循山姆·沃尔顿所说的“真正的伙伴关系”而制订的，这种坦诚的伙伴关系使包括员工、顾客和企业在内的每一个参与者都获得了最大程度的利益。沃尔玛的员工真正地感受到自己是公司的主人。

最佳的管理结构是倒立的金字塔，领导者应将员工放在第一的位置，而自己甘当塔底。为员工提供服务，把员工视为企业的合作伙伴，这是员工最希望的关系。这种有效的方式，能实现“双赢”。把员工视为企业的合作伙伴，就能增加相互的协作，这样不仅员工能迅速成长，为企业带来的效益也是巨大的。

刺激自尊与好胜心，比说教要好得多

激励即激发人的动机，诱导人的行为，使其产生一种内在的动力，朝着所期望的目标努力的过程。激励的方法有多种，但大多数领导者往往注重正面的激励，如嘉奖、表扬、晋升等，只有在不得已时才会采用负激励。事实上，在一些特殊环境或对特定的人采用负激励方法更能激发其积极性，使其产生良好的工作绩效。这里列举三种有效的负激励方法。

1. 斥责激励法

是指当面责怪、呵斥，甚至责骂员工的激励方法。

吉诺·鲍洛奇是一个出色的商人，他悉心经营的机械公司，从一个家庭化的小作坊一跃而成为拥有近亿元资产的大公司，这里面凝聚了他无限的辛劳和心血。

他深谙用人之道，将竞争机制引入公司内部，用竞争来督促员工、鞭策员工，让他们知道干得好、干得快，挣得钱也多，但要是出了重大差错，则会被开除。在这样的压力下，大家都尽最大的努力干好工作。

鲍洛奇对部下非常严格，他能看到部下的长处，更能看到他们的不足。在公司，不管是谁，不管是什么原因，一旦工作没做好，将会受到劈头盖脸的斥骂。

有一次，鲍洛奇决定兴建一个新厂，由于事关重大，他特意派了一批得力的下属。在预定开工前的三个星期，他前去检查工作。在那里，他看到员工们满脸是灰，身上是泥，满脸的疲惫，满身的狼狈，甚至连电灯都没有，只有一个临时的电灯泡在给大家照明……

鲍洛奇又着急又生气，他想宽慰一下员工，却又想到，新厂如不能按时开工，将会给公司造成更大的损失。这个后果令鲍洛奇忍不住火冒三丈，他不由地厉声训斥："你们一个个无精打采，是干工作的样子吗？以这样的进度，公司不死在你们手上才怪呢！"

他走后，员工们个个怒气冲天。老板的怒斥让他们的好胜心燃烧起来，偏要做给鲍洛奇看看。大家努力快干，夜以继日，终于按期完成任务。

鲍洛奇在脾气发作时，毫不掩饰，不仅自身如此，他还鼓励员工之间互相发脾气，畅所欲言，甚至可以争吵不休。在鲍洛奇看来，不同的思想相互撞击，往往会产生智慧的火花。

斥责激励法在公司内部会形成一种民主的气氛，每个人都享有充分的权利和自由，独特的个性可以尽情发挥，高兴或不满随时可以表达和宣泄。没有森严的等级，在以公司的利益为重的前提下得到统一。如果你足够了解你的员工，那么这是一种很有效的激励方法。

2. 困境激励

心理学研究表明，人在遭遇困境时，不仅会不遗余力地奋斗，发挥潜能，爆发出异乎寻常的勇气，还将自动放弃平时的偏见与隔阂，团结一致共渡难关。一些有远见的领导者会有意识地利用这种负激励效应，适时制造些紧张气氛，让员工时刻有种危机感。

在松下幸之助担任松下电器公司总经理期间，他看到欧洲最大的飞利浦电器制造公司因满足于自身优势而走下坡路的教训，于是提出为了松下公司的将来，必须克服自满情绪。

他说："现在松下电器公司被公认为是最优秀的电器公司，这种观点本身就是很危险的。"他预言："今天的强者将成为明天的弱者。"在"强化经营体制，改变企业现状"的口号下，松下幸之助曾多次自我否定，有时不惜推翻现有的工作模式与企业规划格局，进行一系列的体制改革与技术革新，并为此起用了一大批具有新思想甚至在过去反对过自己的人才。正是由于松下公司经常查找自己的不足，能做到居安思危、未雨绸缪，才使得松下电器公司长盛不衰。

其实企业越大，衰落危险就越大。领导者要学会常用一些企业失败的教训告诫全体员工，使员工在大好形势下，也保持一种危机与警觉，时刻警惕着，勇往直前地向目标进军。

3. 竞争激励

是指通过激发员工的好胜精神而获得管理效果的激励方法。

在密苏里州的一家炼钢厂中，有一个炼钢车间，任务总是完成不了，经理为了提高员工的效率，使之更好地完成任务，便下到该车间与员工一起加班，临下班，经理问一当班员工："我们今天炼了几炉？"员工回答："6炉。"于是经理取了支粉笔，在车间地面上写下一个大大的"6"字。

夜班员工接班后，见这"6"字便问这是怎么回事，白班员工无不自豪地说："这是我们的工作成绩，是经理替我们写的。"夜班员工听后顿时激起一股不服输的劲头，憋足劲非要超过白班不可。第二天白班员工接班时，见地上写了一个大大的"7"字。白班员工自然也不愿输给夜班，到下班时，地面上出现了一个特大的"10"字。就这样，炼钢车间的任务就在员工的自觉竞争中顺利完成了。

这种利用自尊、好胜心理，激发其竞争意识的负面激励方法，调动了员工的自觉性和积极性，比说教、劝诫的效果要好得多。但需要提醒的是，领导者一定要保证竞争的良性，而非恶性竞争，并且一定要想方设法保证竞争的公正和公平，要坚决制止任何不正当的竞争手段。

找到最强烈的需求，然后再进行激励

有时候同一种激励并不一定对所有的员工都起作用。有人想要更多的钱，有人需要归属感并融入团队，也有人希望得到认可和尊重，还有人则寻求“自我实现”并实现他们的愿景。因此，团队领导者在设计激励项目时，最好能结合几种不同的激励方式，以满足所有人的需要，看了下面的这篇寓言之后会有更为贴切的理解。

有一个聪明的猎人带着几只猎狗去森林中打猎。正巧碰见一只野鸡，猎人放出一只猎狗去追，可是追了很久也没追到。猎人见了，怒斥猎狗说：“你真没用，竟连一只小小的野鸡都跑不过。”猎狗垂头丧气地说：“你有所不知，并非我无能，只因为我和野鸡奔跑的目的完全不同，我仅仅是为了博得你欢喜而跑，但是野鸡是为了活命而跑啊。”

猎人一听，觉得猎狗说得很有道理，同时也提醒了他：“我要想得到更多的猎物，就必须想个办法，让猎狗们也去为了自己的活命而奔跑。”思前想后，猎人决定召开猎狗大会，对猎狗实行论功行赏。他宣布：“在打猎中每抓到一只野鸡，就可以得到一根骨头的奖励，抓不到野鸡的就没有。年底考核，最后一名将被杀掉。”

这一方法果然管用，为了避免成为最后一名，猎狗们抓野鸡的积极性大幅度提高了，每天捉到野鸡的数量也大大增加。可是，过了一段时间后，猎人发现猎狗们虽然每天捉到野鸡的数量都很多，但小野鸡越来越多。猎人想不明白，于是，他便去问猎狗："最近你们怎么总是净挑小野鸡抓？"

诚实的猎狗说："大野鸡跑得快，小野鸡跑得慢，小野鸡比大野鸡好抓多了。按您的规定，大的小的奖励都一样，那我们又何必费劲儿去抓大野鸡呢？"猎人一下恍然大悟，原来是自己奖励的办法需要改进啊！于是，他宣布，从此以后，奖励骨头的多少不再和捉到野鸡的数量挂钩，而是和捉到野鸡的重量挂钩。

这个方法一出台，猎狗们的积极性再次得到高涨，抓到的野鸡的数量和重量都大大超过了以往，猎人非常高兴。遗憾的是好景不长，一段时间过后，猎人发现新的问题又出现了，猎狗们捉野鸡的积极性在下降，越是有经验的猎狗就变得越没斗志。这是为什么呢？猎人又去追问猎狗。

猎狗对猎人说："主人啊，这些天我们就在琢磨，我们把最宝贵的青春都奉献给您了，可是等以后我们老了，抓不动野鸡了，您还会让我们吃饭吗？"猎人一听，拍着大腿说道："哦，原来它们需要养老保险啊！"于是，他进一步调整激励策略：每只猎狗每月规定任务，多于任务的野鸡可以储存在猎人为他们建立的账户上，等到将来跑不动了，可以从这些账户上取出积蓄的野鸡。这个政策让猎狗们意气风发。

但是一段时间之后，又一件意想不到的事情发生了：一些优秀的猎狗竟然逃离猎人的束缚，自己捉野鸡去了。这使猎人有些着急。他想，难道是奖赏的力度不够？于是，他把“优秀猎狗”的奖励标准提高了2倍。这一招收到了立竿见影的效果。但没过多长时间，离开猎人去捉野鸡的优秀猎狗却一下子增加了许多。

猎人无奈了，去问那些离开的猎狗们：“你们为什么一定要离开我呢？我到底哪个地方做得不对？”猎狗们惭愧的对猎人说：“主人，您什么都没做错，离开你是我们自己也有一个梦想，我们希望将来有一天也能像您一样成为大老板。”为了管理好剩下的猎狗，猎人成立了猎狗公司，给每个猎狗都分配有股份，每个猎狗都是老板。这一招十分灵验，从此以后，再也没有猎狗主动离开了。

这个故事就说明了一个重要道理：员工的需求是不断增长的，企业必须满足员工不断增长的各种需要。抓住员工需求的特点，对其最强烈的需求进行激励，才能使员工产生最强的动机，这样才能有效地激励人才并且长久地留住人才，使企业在激烈的市场竞争中立于不败之地。

第十二章　授权：有所为，有所不为

掐着脖子工作的团队看不到未来

对于团队领导者而言，把工作交给下属，这是一件非常重要的事情，只有把工作任务交给下属去完成，才能提高下属的知识和工作技能，从而给自己留出更多的时间进行整体规划管理。

韩非子说："下君尽己之力，中君尽人之力，上君尽人之智。"一个领导者若想成为"上君"就一定要懂得授权，不必事必躬亲。有些事放手交给员工去干，这样不仅员工的潜力能得到自由发挥，而且员工还能感到领导者对他的信任，从而达到更加显著的效果，让他们更加努力的为公司卖命工作。

美国通用电气公司总裁杰克·韦尔奇把授权看作管理必需。杰克·韦尔奇的授权之道是——你必须松手放开他们。他认为，掐着员工的脖子，是无法将工作热情和自信注入他们心中的。你必须松手放开他们，给他们赢得胜利的机会，让他们从自己所扮演的角色中获得自信。当一个员工知道自己想要什么的时候，没有任何人能够挡住他前进的道路。

在工作中，有的管理者为了管理好员工，让他们按照自己的意图去做事，就对员工的一举一动都横加干涉，企图让员工完完全全地按照自己的思维意识去工作，殊不知这样严重地影响了员工的主观性和创造性，即使能够保证完成任务，但是却大大压抑了员工的思想意识，束缚住了员工的手脚，最后造成员工工作压力加大或人才流失。

杰克·韦尔奇曾说："我的工作只是向最优秀的人才提供最合适的机遇，最有效的资源配置而已。交流思想、分配资源，然后让他们放手去干—这就是我的工作实质。"

杰克·韦尔奇出任通用电气公司总裁时，美国管理界普遍存在着这样一种共识：领导者的工作就是监督下属认真工作，到处举办公司会议，在低层和高层管理者之间建立信息通道，以确认公司的各个部门和环节运行正常。

杰克·韦尔奇对这种观念深恶痛绝，上任伊始，他就开始驳斥这种传统的认识。他认为采取这种方式的领导者都是些官僚管理者，思想陈旧、传统。过多的管理会促成懈怠、拖拉的官僚习气，会把一家朝气蓬勃的公司弄得死气沉沉。而对于这样因循守旧的做法，杰克·韦尔奇历来都是采取抵制的态度。

通用电气公司是一家多元化公司，拥有众多的事业部，员工成千上万。如何有效地管理这些员工，使他们生产率最大限度提高，是杰克·韦尔奇一直苦苦思索的问题。经过实践，他最后总结出"管理越少，公司情况越好"这样一个在他看来是最正确而且也一定会有效果的结论。因此，他坚持用这种思想来管理通用公司。通用电气用持续增长的业绩证明，他的这种思想是正确的、伟大的。

合理的授权才能解放自己，作为团队领导者，你不需要做多具体的工作，而要在“修身”“做人”上当好样板，就是“做给下级看，带着下级干”“向我看齐”。实际上，一个领导是否优秀，不在于他本人亲自做了多少事，而取决于他是否善于让他人干事、能干事。

孔子有两个学生，一个叫宓子贱，一个叫巫马朝，他们先后在鲁国的单父当过一把手。宓子贱整天弹琴作乐，身不出室，却把单父治理得很好，巫马朝则天不亮就外出，天黑才归来，事事都亲自去做，也把单父管理得很好。巫马朝问宓子贱是什么原因，宓子贱说，我治理单父主要是靠用人，靠他人做事，你主要靠事事亲自做，所以你很忙，而我就很悠闲。人们称宓子贱是“君子”，而巫马朝“虽治，犹未至也”。也就是说，宓子贱比巫马朝更懂得领导艺术。

领导要善于从全局出发，抓住大事、要事，例如考虑工作目标，制定工作规划，计划如何改革创新，人事如何安排，钱财如何收支等。对于一些无关大局的小事、琐事则不用操心，要善于区分西瓜与芝麻，大事与小事，把主要精力用在抓大事上。要知道，没有哪个员工会为你考虑全局问题，如果你不注意抓大事，总是陷入日常事务之中，就会因小失大。

让更多的人参与到决策中来

许多企业的重大决策通常只由几个甚至一个人来决定的。这种决策方式带来的风险是：由于决策者个人掌握的信息有限，造成决策的严谨性与周密性不强；由于决策者对未来形势的变化估计不足，导致作出了错误的决策假设；由于决策者多数不是一线执行人员，导致决策指导不了操作，缺乏可执行性。因此，吸引更多相关的人参与到决策中来，能够最大限度地保证决策的正确性。

群体决策是避免决策误区、避免决策失败的预防针。顾名思义，群体决策机制就是决策过程的广泛参与性，强调的是民主，不是一言堂，不是一个人说了算。比如在制订战略计划时，不仅是企业的高层全部参与，而且还要让那些与战略执行相关的人员参与进来，比如战略的实施人员、相关领域的专家、各个部门的主管和代表等。

群体决策机制带来的好处是，任何决策在产生的过程中就赢得了广泛的情感支持，任何参与决策和执行的人不会把决定看作上级的指示，而是看作“我们”共同的意见。

但是群体决策机制会带来的风险有三种：一是因为过于强调民主成分而使决策的形成过程成为平衡各家意见的过程，致使决策结果平庸化；二是因为过于鼓励发表不同观点而使决策会议上拉帮结派，使决策的讨论过程成为争权夺利的过程，降低了决策效率；三是决策过程越民主，决策的过程就越长，团队领导者很容易失去耐心，会轻而易举地出台决定，不仅使决策机制没有起到正向作用，反而出现了反作用。下面这个例子就能说明这一点：

南北战争爆发后不久，美国总统林肯开始为选任军事统帅发愁。为了解决这个问题，有一天，他将内阁中最重要的成员召集在白宫会议室。会议一开始，林肯就向大家强调：外面战火轰隆，我们的会议一定要有效率，我们要在今天为已经操练三个月的 8 万士兵找出一个优秀的统帅。

在林肯的这种要求下，这些内阁大臣们纷纷发表出各自不同的意见，不一会儿，几个人便热烈地争论起来。在幕僚们讨论的过程中，意见逐渐清晰，有人推荐史考特将军，有人推荐麦克多维尔。随着推荐的候选人的不同，这些内阁大臣们分成几派，不同派别之间针锋相对，相互指责对方所推荐的候选人的不足和缺点，场面气氛十分激烈。

由于被选任的人将承担最为重要的职位——北方军队的统帅，这个职位能够左右着美国未来的命运，林肯和内阁成员们制定候选人规则，即只有在三分之二的同意下，候选人才能被任命。由于这个规则的存在，他们的会议从早上一直开到晚上，因为始终不能使三分之二以上的人的意见保持一致，最终会议毫无结果。

虽然群体决策仍然存在缺点，但显然要比一个人独裁、单人负责拍板定案的方式稳妥得多。现代企业面临的是一个环境复杂而又变化多端的局面，要想在竞争激烈的商场中立于不败之地，就需要领导者提高决策的准确性和正确性。领导者要想最大限度地避免决策失误，就需要充分发挥集体智慧，建立科学的群体决策机制，以集体智慧来保证决策的成功。

指导，比指挥更重要

在一个知识型组织里，管理的方式并不是指挥，而是指导。这不是咬文嚼字。指挥是发号施令，下属没有主动权，只能被动地执行，由此引发出来的是员工的工作积极性不高；指导体现了一种授权，是一门艺术，既能帮助员工高效率地工作，也能使员工发挥主观能动性，取得最理想的结果。

索尼的老板盛田昭夫是一个懂得“指导艺术”的人，同样，被他提拔的井深大也是这样的人。他们二人创造了索尼的辉煌。

在井深大刚进索尼公司时，索尼还是一个小企业，总共才二十多个员工。老板盛田昭夫信心百倍地对他说：“你是一名难得的电子技术专家，你是我们的领袖。好钢用在刀刃上，我把你安排在最重要的岗位上—由你来全权负责新产品的研发，对于你的任何工作我都不会干涉。我只希望你能发挥带头作用，充分地调动全体人员的积极性。你成功了，企业就成功了！”

这让井深大感受到了巨大压力。尽管井深大对自己的能力充满信心，但还是有些犹豫地说：“我还很不成熟，虽然我很愿意担此重任，但实在怕有负重托呀！”盛田昭夫对他很有信心，坚定地说：“新的领域对每个人都是陌生的，关键在于你要和大家联起手来，这才是你的强势所在！众人的智慧合起来，还能有什么困难不能战胜呢？”

盛田昭夫的一席话，点醒了井深大。井深大兴奋地说道：“对呀，我怎么光想自己，不是还有二十多名富有经验的员工嘛！为什么不虚心向他们求教，和他们一起奋斗呢？”于是，井深大马上信心满满地投入工作中。就像盛田昭夫放权给他一样，他把事务的处置权下放给各个部门，比如他让市场部全权负责产品调研工作。市场部的同事告诉井深大：“磁带录音机之所以不好销，一是太笨重，每台大约 45 公斤；二是价钱太贵，每台售价 16 万日元，一般人很难接受。”他们给井深大的建议是：公司应该研发出重量较轻、价格低廉的录音机。

与此同时，井深大让信息部全权负责竞争对手的产品信息调研。

信息部的人告诉他："目前美国已采用晶体管生产技术，不但大大降低了成本，而且非常轻便。我们建议您在这方面下功夫。"在研制产品的过程中，井深大和生产第一线的工人团结协作，终于合伙攻克了一道道难关，于1954年试制成功了日本最早的晶体管收音机，并成功地推向市场。索尼公司凭借这个产品，傲视群雄，进入了一个引爆企业发展速度的新纪元。

井深大取得了巨大的成就，成了索尼公司历史上无可替代的优秀人物。在这个事例中，我们应该注意到最为重要的两个环节：盛田昭夫放权给井深大，井深大放权给其他部门。在充分授权下，索尼公司发挥出了团队的整体作用，调动了每一位员工的积极性，把团队的力量发挥到了极致，从而取得巨大成功，这就是"指导"的力量。

如果采用的是呆板的"指挥"，那情况会怎样？有这样一个例子：

有一家主要从事食品加工的乡镇企业，老板张总事必躬亲，对员工信任度不高。每当营销员将要出征时，他就会再三叮嘱："你们遇事一定多汇报，否则出了问题，后果自负！"因而，在外省打拼的营销员们一个个小心翼翼，生怕办错事，结果算到自己头上。因此，张总经常接到这样的长途电话："张总，一天30元的旅店没找到呀，租一间一天35元的屋子可以吗？""张总，这边的客户表示需要我们意思意思，那我们是不是可以买几条三五送去呀！"无论事情大小，他们一律请示汇报，只要未经老板认可，他们绝对不会主动做决定。

最终，一些有能力的营销员感到手脚被牢牢束缚着，有劲儿使不出，只好选择离开，另谋高就。留下来的那些营销员只会请示，工作起来没有丝毫主动性，领导不安排的事情一概不做，一年到头业绩平平。

而张总也整日手机响个不停，忙得脚打后脑勺，花费上百万元的广告毫无效果，企业处于濒危边缘。

在军队里多用“指挥”一词，这是因为军队的行动只需要服从上级的命令，而不主张自我创造。管理学家德鲁克在提出“管理是指导而非指挥”时，设置了一个极为重要的前提：在知识型组织里。知识型组织的最大特点是创新和创造，这对员工的主观能动性依赖很大。现代社会，任何企业都属于知识型企业，任何领导者都应该学会如何指导，而不是如何指挥。

把权利和利益适当让给员工

授权是一门艺术。如果授权运用得好，不仅可以使管理更为有成效，而且可以调动团队的主动性、积极性和创造性，激发员工的工作热情，提升企业的竞争力和促进企业的运行效率。善于授权的管理者能够创造出一种“愉悦气氛”，使员工在此“气氛”中自愿从事富有挑战性的工作，使企业出现一个和谐共事、创新共进的局面。

关心员工的根本途径在于解决员工与公司的关系。如果只是单纯的雇佣关系，关心员工那只能是对薪酬及待遇的情感补充，并不能从根本上解决员工与公司之间的距离感。

戴夫·帕卡德，1912 年出生于美国科罗拉多州的普韦布洛。1936 年与比尔·休利特一起创立了休利特—帕卡德公司，即惠普公司。他们当时工作的车库后来被确立为硅谷发祥地的纪念标志。惠普公司经过几十年的发展，成为生产计算机与电子产品的国际性大公司。

到20世纪40年代末，惠普公司的资产已接近千万大关，成了硅谷中的明星企业。1959年，正当惠普公司在帕卡德领导下蒸蒸日上时，他注意到公司员工的热情似乎并不高涨，这是为什么呢？帕卡德对此有些迷惑不解。

惠普公司的股票1957年公开上市以来，股价节节攀升，成为华尔街的宠儿，难道在这样的公司工作还有什么怨言吗？当帕卡德婉转地问公司的一名检测人员时，这位员工告诉他："是的，我的确为在这样的一个大公司工作感到自豪。但是，作为一名员工我却并没有感到是企业的主人。工薪的确在上升，但老板还是老板，伙计还是伙计。"

听了这一席话，帕卡德陷入了深思。应该让大家都成为公司的主人，这样工作起来才会齐心协力把公司搞好。第二天，帕卡德在公司主持的记者招待会上正式宣布，惠普公司为调动员工的积极性，为把公司发展的巨大利益也分配到辛勤工作的员工那里，将推行职工持股计划。这就是后来风靡美国的ESOP（职工持股计划）。

帕卡德把公司股票分阶段按工作时间分给职工。职工作为公司主人，立即面貌一新，自此惠普公司销售、生产各方面均呈现出一派新的气象。

解决员工与公司的本质关系，唯一出路就是赋予员工主人身份。惠普公司的目标总是一再修订，但公司宗旨从未改变，并且每次都得到重申。公司文化手册的开头一直是："组织之成就乃系每位同仁个人共同努力之结果……所有员工皆为本公司的主人。"

惠普公司首创并推行"职工持股计划"，从根本上改变了过去那种老板—伙计的劳资关系，使员工成为老板的合伙人，可以参与企业发展的利润分配，从而建立起员工与企业间休戚与共的紧密联系、俱荣俱损的共生关系，这种举措的激励作用可想而知，影响非常巨大。

阿里巴巴集团董事局主席马云曾说，优秀的领导者绝不是依靠股份多少来控制公司的，而是以卓越领导力来领导公司。每一个领导者都要懂得财散人聚、财聚人散的道理，将公司的利益适当让渡给员工，既提升了员工收入水平，又促使员工产生主人翁之感，一举两得。这样的公司必然能够从员工那里获得非同寻常的忠诚度，从而使企业充满活力，获得竞争优势。

有效地领导力来自充分授权，把权利和利益适当让渡给员工，给予员工足够的空间，让他们拥有一定范围的自主权，这样能够发挥团队的整体作用，调动每一位员工的积极性，把团队的力量发挥到极致，从而取得巨大成功。

做好规划和分析，适度收放

一日，东京某涉外饭店的豪华餐厅里，有一位从美国来的外宾对送上来的牛排不太满意，他认为这个牛排熟得太透。于是，他叫来服务生。服务生用极其谦恭的态度认真倾听他的抱怨，之后，对他说："请您稍微等一下，符合您口味的牛排马上就能上来。"说完，服务生立即拿走牛排，继而吩咐厨房按照客人的口味另烤一块送来。

看上去，这是一件很不起眼的事情。但是，在这个事情的背后，是这家饭店正在力推的组织变革。饭店的老板认为，服务生是直接面向客人的，应该给服务生更大的权限来服务于客人。于是，我们就看到这个场景：服务生无须请示任何人，能够自主地为客人解决问题。这样，整个饭店的运行效率就会因此而大大提高。

授权是一种有效的管理之道，这不仅提高了员工的积极性，还节约了管理者的时间。企业的领导将任务交给员工去处理时，他就会有更多的时间去处理其他的事情。当然，授权一定要把握适度，就像放风筝，该放时要放，该收时就要收。

授权不是下放领导者的所有权力。重大方针政策的监督检查权、决策权、例外事项的决策权不应下放；否则，授权就成了放弃领导。

许多领导者虽然有心授权，但却无法准确地掌握授权的范围。在企业管理中，有些事情是不适合放权的，放权过度，就会对领导者的管理权力造成威胁。

有一天，王媛媛跑来请示上司，看看是否能早点下班去看望朋友。但是她来得很不是时候，上司正在填写一份公司的机密报告。“我现在很忙，不要来吵我！”上司不耐烦地把手一挥，“有什么事就跟大张说吧。”大张是该部门的资深职员。于是王媛媛就满怀希望地走到大张的办公桌前说：“我今天想早点下班去看望朋友，领导叫我来请示你。你觉得可不可以呢？”

大张一时之间显然是有些错愕，愣了一会才说：“我想应该没关系吧，不过你应该把份内的事做完才能走。”“谢啦。”王媛媛很愉快地走开了，没有注意到大张脸上的困惑表情。让大张感到不解的是，这已经不是第一次了。在过去的一个月里，有好几个同事都曾过来向他“请示”，让他在受宠若惊之余又不禁有种满头雾水之感，只好一律“批准”。

几个月以后，部门主管逐渐发觉手下无论碰到什么事情都不来找自己，反而去“请示”大张，仿佛这个人才是领导，这时主管才觉悟到由于在授权时的轻率，使得自己“大权旁落”。尽管后来他开始有意收回相关权力，但大张的影响力已经无法遏制。

需要授权就充分授权，不能授权的，领导者就必须将权力牢牢把握在自己手中。大体而言，以下的这些工作可以考虑分配给下属去做：

一、是可以提高下属办事能力的工作，比如收集某些统计数据、重新检讨该部门的工作量、提出对于未来发展计划的建议等。

二、是必须赋予一件完整的工作，而且有明确的责任归属。如果只是要他们来“蹴一脚”，对提升他们的成就感将毫无好处。

三、是只需关起门来思考就可以自行决定的单纯事务，而且有一套明确的判断标准可资依循，不致因个人主观因素而产生失误。

在另一方面，以下的这些工作则不应授权给下属去处理：

一、是只有主管才能过问的事务，像员工的薪资调整方案、部门的年度生产目标，以及若干涉及组织业务机密或是较为敏感性的事件。

二、是并非完整的一件工作，因为这类工作不易分清责任归属。

三、是单调而琐碎的例行性业务。

四、是需要召开会议才能决定的事务。

领导者不妨来体验一次：哪些事情你会授权给下属？请利用以下问题做一次检验。

一、拟定招聘新进员工的相关事宜。

二、处理一项你最拿手的企划报告。

三、提出一份年度预算报告。

四、撰写一份有关未来业务开展的建议报告书。

五、拟定员工守则与奖惩标准。

六、处理例行性的业务。

七、撰写一份行政革新的建议报告书。

八、员工的业绩评审工作。

九、对于表现欠佳的员工，予以个别辅导或训练。

十、收集某项复杂事件所涉及的相关资料。

十一、处理客户的申诉事件。

十二、决定要在何处举办年终聚餐。

你认为哪些是属于可授权的项目？

正确答案是，除了事件一、五、八以及事件九之外都可以。

领导者不应该做甩手掌柜，必须担负应有的职责；授权不是一味地全部将工作交给下属，而是有选择地授予下属；领导者真正的高效不是来自于少干，而是干好最重要的事情，因此领导者一定要对自己职责范围的工作以重要程度进行规划和分析，找出哪些是可以授权给下属的、哪些必须是自己亲历亲为的，这样才能使授权不出现偏颇，才能真正实现管理的高效。

充分信任，越信任越成功

“经营之神”松下幸之助说过：“最成功的统御管理是让人乐于拼命而无怨无悔。”这显然不是靠强制，而只能靠信任。

充分信任型的授权，才是有效的管理之道。这种方式注重的是结果，而不是过程。被授权者可自行决定如何完成任务，并对结果负责。

亚太公司的员工们感到他们的领导者和公司在发生着某种变化，在变化之初，他们曾经很迷惑，甚至有些不太习惯。

亚太公司属于那种一切都很平常的公司，员工们领着一份不算丰厚但也说得过去的薪水；做着不很轻松但也没什么压力的工作，一切都平平淡淡，员工们也没有期望大的改变或什么更有意义的事情。也许他们曾经有过这种念头，但现在这种念头已很微弱了。

一天，领导者召集员工们开会，他向大家宣布：公司将有所改变，我们检讨，公司以前并没有给予大家充分的信任与空间，而我们即将要采取措施来改变这种情况。公司相信每一位员工都有独立完成工作的愿望和能力，而不是接受一份十分具体的任务。我们要求主管们做的，正是由后一种分派任务的方式转向前一种放手让大家独立探索的问题的解决方式。

员工们清清楚楚地听见了领导者的每一句话，尽管他们表面上还是那么无动于衷，但内心里心潮澎湃却难以掩饰。然而，他们仍在犹豫：真的会这样吗？此后，领导者再向他们分派工作时，就不再说“只要照着我告诉你的话去做就可以了”，而是在告诉他们“事情是什么”之后就不再过问，只是约定每两周的周五下午，员工团队的小主管来谈一下事情的进展情况。

一开始，员工们并不敢按自己的意愿去做，因为以前不是这样的，他们甚至感到有些手足无措。最初的几次，有的员工会犹豫不决地敲开主管办公室的门，就一件工作的细节问题向主管请示，主管总是微笑着说：“我相信你自己能解决它，作出最好的选择。”或：“让你的工作小组来讨论决定吧，相信大家能得出完美的结果。”

此时当员工走出领导者办公室的门时，内心有一种激动，他感受到了被信任，而这种感觉无疑会让人产生动力；他感受到了挑战，这让他有一种冲动，他要把这件工作做到最好，来回报领导者的这份信任。这时，员工们才发现，长期以来在公司里，他们总是感觉少了些什么，以前，他们总不知道到底少了什么，而现在，他们找到了，那就是信任。而在此之前，他们隐隐约约一直在渴望的，也正是这样一种感觉。

对于高明的领导者来说，信任无疑是第一要诀。要真正从内心相信员工们能做好这件事，就要把整个事情托付给对方，同时交付足够的权力让他作必要的决定。

授权后又对下属进行控制往往会使事情失败，因为这会揭露你的信任只是表面的，这会伤害下属的尊严，妨害你们的感情。例如，如果你要下属去印一本小册子，你就不必再交代一些有关形式、封面以及附图说明等的详细意见，而让他自己去选择，相信他会把工作做得很好，而他也会感激你的信任。充分信任是授权的基础，并能为授权的成功提供最为稳固的情感平台。许多管理实践证明，越是信任员工越能成功，越是怀疑就越更容易遭遇各种瓶颈。

警惕逆向授权

授权是由领导者指向下属的吗？领导者们从来不曾怀疑这一点，尽管授权类的教科书不厌其烦地告诉人们：授权是主管和下属的互动，是一种团队游戏。但这并不能改变一个事实：授权标志着主管将自己手中的权力部分地转移传授到下属手中。

真正令人奇怪的是，领导者有时会成为下属们授权的对象。领导者把适合下属能力的任务，连同完成这项任务所需要的权力一齐给予下属。但下属冷不防，又把球踢给了领导者，而领导者却未必意识到这一点，结果还是自己做了这项工作。

这就是某些下属自觉或不自觉地玩的一种把戏——逆向授权。下面这种情形相信很多人都不会感到陌生：一位领导者正经过走廊，看到他的一名下属从走廊另一头走过来。下属向领导者打招呼说："您好，我们碰到一个问题，你看该怎么办？"下属开始详细地说明这个问题。最后领导者说："现在很忙，我要想一下再给你答复。"然后两个人分开了。

这个领导者的做法显然不足取。有些领导者成天手忙脚乱，他的办公室里总是排满了向他请示工作的人，这些人是他属下的各个部门的主管，他们把本该由他们自己去作决定的事一股脑儿都推到了领导者头上。而这位领导者在逐一替他们作决定、拍板时，非但没意识到他是在替他的下属工作，反而可能还沾沾自喜，沉迷于受到尊重的美妙感觉之中。

下属们的逆向授权即使不是故意所为，也是潜意识的产物。他们这么做或是为了减轻自己的工作负担；或是为了绕过难题；或是为了逃避责任；或者纯粹是工作的惯性，还没有注意到授权带来的工作的变化。当然不能排除员工带有恶意的嫌疑。譬如说，当一件重要的工作急着要完成时，即使别人不愿帮助那个拖延工作的人，但最终还会去帮着他做的。正是人的这一弱点，给逆向授权的人以可乘之机。

美国山达铁路公司总经理史特莱年轻时，虽自己努力工作，但不知怎样去支配别人工作。一次，他被派主持设计某项建筑工程。他率领3个职员至一低洼地方测量水的深浅，以便知道经过多么深的水才可以建起坚固的石基。

当时史特莱才二十出头，资历尚浅，虽已有几年在各铁路测量队或工程队服务的经验，但独当一面，指挥别人工作，尚属第一次。他极想为3个职员做出表率，以增进工作效率，在最短的时间内完成工作。所以开始的第一天，他埋头工作并以为别人一定会学他的样子，共同努力。

谁知道那3个职员世故甚深，狡猾成性。他们见史莱特这么努力，便假惺惺地奉承史特莱的工作优良，而自己却袖手旁观，几乎一事不干。成绩当然难以达到史特莱预先的期望。

史特莱思索了一晚，发觉自己措施失当，知道自己若将工作完全揽在身上，则他们却无需再行努力。第二天工作时，史特莱便改正了以前的错误，致力于指挥、监督，不再事必躬亲，这样果然成效显著。

高明的领导者不会允许这种事情的发生，更不会纵容下属这种不负责任的行为。领导者应把球巧妙地踢回去。当下属请示该怎么办时，反问道：你认为可能的办法有哪些、你觉得哪一个办法更好些，能说一下理由吗？记住，你是领导者，你总是能采取主动的。

然后，在某个适合的场合，领导者重提这件事，或明或暗地转告下属：不要试图逃避责任，如果事事都要由我自己来决定，你们根本没有待在这里的必要了。领导者必须明确要求下属承担起属于他们的责任。否则就会出现这种情形：整个团队只有领导一个人在做，其他下属全部在看。这显然是不利于团队发展的。因此，所以身为领导者，必须注意防止逆向授权。

第十三章　沟通：交流不畅，努力白费

沟通不到位，努力全白费

在一个群体中，要使每一个群体成员能够在共同的目标下，协调一致地努力工作，就绝对离不开沟通。沟通，是人类活动和管理行为中最重要的职责之一。因此，组织成员之间良好有效地沟通是任何管理艺术的精髓。

杰克·韦尔奇被誉为“20世纪最伟大的企业领导人”之一，在他上任之初，GE内部等级制度森严，结构臃肿。韦尔奇通过大刀阔斧地改革，在公司内部引入非正式沟通的管理理念，对此，韦尔奇说：“管理就是沟通、沟通、再沟通。”

GE最成功的地方，是杰克·韦尔奇在公司内部建立起来的非正式沟通的企业文化。通过这种非正式沟通，韦尔奇不失时机地让人感到他的存在。使公司变得“非正式”意味着打破发布命令的链条，促进不同层次之间的交流，改革付酬的方法，让雇员们觉得他们是在为一个几乎与人人都相知甚深的老板工作，而不是一个庞大的公司。

韦尔奇比他人更知晓“意外”两字的价值。每个星期，他都会出其不意地造访某些工厂和办公室；临时安排与下属经理人员共进午餐；工作人员还会从传真机上找到韦尔奇手书的便笺，上面是他遒劲有力又干净利落的字体。所有这些的用意都在于领导、引导和影响一个机构庞大、运行复杂的公司。韦尔奇最擅长的非正式沟通方式就是提起笔来写便笺，目的就是为了鼓励、激发和要求行动。韦尔奇通过便笺表明他对员工的关怀，使员工感到他们之间已从单纯的上级与下属的关系升华为人与人之间的关系。

一位 GE 的经理曾这样生动地描述韦尔奇：“他会追着你满屋子团团转，不断地和你争论，反对你的想法。而你必须要不断地反击，直到说服他同意你的思路为止。而这时，你可以确信这件事你一定能成功。”这就是沟通的价值。

韦尔奇曾说：“我们希望人们勇于表达反对的意见，呈现出所有的事实面，并尊重不同的观点。这是我们化解矛盾的方法。”“良好的沟通就是让每个人对事实都有相同的意见，进而能够为他们的组织制订计划。真实的沟通是一种态度与环境，它是所有过程中最具互动性的，其目的在于创造一致性。”沟通就是为了达成共识，而现实沟通的前提就是让所有人一起面对现实。

沟通是企业组织中的生命线。好像一个组织生命体中的血管一样，贯穿全身每一个部位、每一个环节，促进身体循环，提供补充各种各样的养分，形成生命的有机体。沟通还是企业创新进步的肥沃土壤，许多新的管理理念、方法技术的出台，无不是经过数次沟通、碰撞的结果。沟通更是团队效率和业绩的保障，交流沟通不到位，努力全白费，在大家朝着目标迈进前要充分沟通，这样才会少走弯路少犯错误，才能在最短的时间内有效的完成任务。

沟通姿态比沟通内容更重要

沟通不是一个人的事情，如果只想着自己说，别人听，那不是沟通。

本田宗一郎曾被誉为“20 世纪最杰出的管理者”。回忆往事，他常常对周围的人说起一则令他终生难忘的故事。

一次，一位来自美国的技术骨干罗伯特来找本田，当时本田正在自己的办公室休息。罗伯特高兴地把花费了一年心血设计出来的新车型设计图纸拿给本田看，“总经理，您看，这个车型太棒了，上市后绝对会受到消费者的青睐……”

罗伯特看了看本田，话还没说完就收起了图纸。此时正在闭目养神的本田觉得不对劲，急忙抬起头叫了声“罗伯特”，可是罗伯特头也没回就走出了总经理办公室。第二天，本田为了弄清昨天的事情，亲自邀请罗伯特喝茶。罗伯特见到本田后，第一句话就是：“尊敬的总经理阁下，我已经买了返回美国的机票，谢谢这两年您对我的关照。”“啊？这是为什么？”罗伯特看本田满脸真诚，便坦言相告：“我离开您的原因是由于您自始至终没有听我讲话。就在我拿出我的设计前，我提到这个车型的设计很棒，而且还提到车型上市后的前景。我是以它为荣的，但是您当时却没有任何反应，而且还低着头闭着眼睛在休息，我很气恼所以就改变主意了！”

后来，罗伯特拿着自己的设计到了福特汽车公司，受到了高层领导的关注，新车的上市给本田公司带来了不小的冲击。通过这件事，本田宗一郎领悟到了“听”的重要性。他认识到，如果不能自始至终倾听员工讲话的内容，不能认同员工的心理感受，就有可能会失去一位技术骨干，甚至是一个企业。

积极聆听是暂时忘掉自我的思想、期待、成见和愿望，全神贯注地理解讲话者的内容，与他一起去体验、感受整个过程。

倾听是很重要的管理技巧，这里有几个简单的方法供管理者参考。

（1）态度要端正。千万不要摆出你是一个领导者的架势，那样你的员工可能不会将他心中的真实想法表达出来，也很容易伤害他们的自尊。

（2）善于聆听弦外之音。你们的位置毕竟不同，有些时候，他并不直接地向你表达，而是选择绕圈子的方式。因此，当你在倾听时，要特别注意说话者的语调，因为里面很可能隐藏着他们要表达的真正含义。

（3）要有敏锐的观察力。根据一份报告指出，55% 的沟通是根据我们所看到的事物。良好的倾听者会观察说话者的一举一动。

（4）要对所听到的情感做出反应。有时候，说话者所要表达的感情远比他们所表述的内容重要。而仅仅理解说话者所表达的感情是不够的，还应当对说话者的情感作出适当的反应，这样才能使说话者知道他所要表达的内容对方都明白了。

（5）表现出你非常乐意的姿态。这个方法也许是最重要的，因为所有的倾听都开始于我们乐于参加的意愿。倾听的动作可能是人类最不自然的动作之一，因为我们得抛开自己的需要和时间表，来迎合他人的需求，但是这却违背基本的人性。这也就是良好的倾听习惯，需费一番工夫才能精通的原因。

（6）与你的倾诉者对话。倾听是一种尊重对方的方式，但是，如果只是一味地“听”而不发一言，则会让倾诉者逐渐丧失倾诉的意愿。所以，不仅要倾听，还要参与对话。

（7）注意力集中。这是尊敬说话者的最起码的表现。聆听者的尊敬会使说话者觉得有尊严。

当你未全神贯注地倾听别人的说话时，你已在无意间冒犯了别人。尊敬说话者指的是，全神贯注于说话者，不打岔，不敷衍应答。

坦诚，才会高效

当组织中出现问题时，一个很好的解决方法就是直接解释问题，也就是坦诚沟通。对于领导者来说，坦诚意味着沟通时，表现得很直接、透明、开放、坦率。身为领导者，必须化解所有不确定性与疑虑。告诉员工他们应该知道的事。告诉他们你想要什么，对他们有什么期待，或对他们有什么要求。同时，询问他们想要什么、有什么期待，或对你有什么要求。

坦诚是一个领导者工作高效的秘诀。一位美国企业家说：“在跟某人合作的第一天的第一个小时中，我就会开诚布公。在第一场会议上，我会说明我的目标是什么、我能提供的帮助，以及我需要何种帮助。如此一来，我们就可齐心协力地将重心放在即将面对的挑战上面。”

坦诚是每一位领导者都应具备的优秀的工作作风。作为领导者，身体力行、率先坦诚沟通很重要。这样可以在组织内部建立一种信赖感，这种信赖感可以带来组织成员高度的承诺。

在“蓝色巨人”IBM“病入膏肓”时，CEO 郭士纳以“医生”的身份进入 IBM，由此创造了一个商业神话。倡导坦诚沟通是郭士纳成功的一大要素。

IBM 的总裁郭士纳上任后第一次会见公司的管理基层，他便采用了“开诚布公”策略，并且收效不错。下面便是他坦白告知下属的管理哲学和管理实践：

—我将按照原则而不是程序实施管理。

—市场决定我们的一切行为。

—我是一个深深地相信质量、强有力的竞争战略与规划、团队合作、绩效工资制和商业道德责任的人。

—我渴求那些能够解决问题并能帮助同事解决问题的人，我会开除那些政客式的人。

—我将致力于战略的制定，执行战略的任务就是你们的事了。只需以非正式的方式让我知道相关的信息，但不要隐瞒坏消息—我痛恨意外之事，不要试图在我面前说谎，要在生产线以外解决问题，不要把问题带到生产线上。

—动作要快。不要怕犯错误，即便是犯错误，我们也宁愿是因为行动太快而不是行动太慢。

—我很少有等级制度的观念。无论是谁，也无论其职务高低，只要有助于解决问题，大家就要在一起商量解决。要将委员会会议和各种会议减少到最低限度。取消委员会决策制度，让我们多一些坦率和直截了当的交流。

一我对技术并不精通，我需要学习，但是不要指望我能够成为一名技术专家。分公司的负责人必须能够为我解释各种商业用语。

通过阐述自己的管理哲学和管理实践，郭士纳让手下 50 名高层领导者了解了他的工作态度与工作作风，让他们明白他所看重的是什么、他所期待的是什么、他所强调的是什么。

可以说，坦诚沟通对郭士纳顺利开展工作起到了积极的作用，促使他能够很快赢得公司上下的信任与相助。在几年内，他力挽狂澜，让濒临倒闭或分拆的 IBM 转危为安，并且重新恢复了行业领袖的位置。

作为领导者，尽早沟通，经常沟通，并且做到坦诚沟通是十分重要的。当你与员工坦诚沟通时，你必须建立一种信任，通过你的沟通行为，传达这样一种隐含信息："我欢迎沟通；与我沟通是很安全的；对于坦诚的沟通行为，我很欣赏。"

先抚平情绪，再进行沟通

有些员工因为某些事情而非常生气，他们在与你沟通的时候也就会极富攻击性。这种时候你就该想办法安抚他的情绪，化解这种攻击性。

作为领导者假如清早你刚在办公室坐定，凌峰就冲进来，将一大沓印刷品扔在你的办公桌上，他大声嚷道："看看这些东西！每一页都有错误！这台该死的计算机放在这该死的地方根本没用，要我怎么去工作？！”

说这些话时，他脖子上青筋暴起，拳头紧握，咆哮起来就像一头发怒的公牛。

他又继续说：“那些安装这套系统的白痴也不知跑哪儿去了。你明天就想要这份报告？告诉你，这不可能，除非我能够拿到准确无误的数据。简直太不可思议了！”

假若你说道：“凌峰，冷静下来。”凌峰会怎样做呢？他会变得更加愤怒，而且会嚷得更大声，“别让我冷静！你根本就不知道这些报告要用到些什么。”

这时，如果你对他说的这些情况随意地表示“你知道”，那结果会更糟，因为那样在凌峰看来就是你怀疑他在撒谎，所以你最好不要那样说。

最好的方法就是什么也不说，任凭凌峰将情绪发泄完了，再去询问事情的根源，共同探讨解决之道。

通常，为了能与攻击性的沟通者有效地交流，先理解他们行为的缘由对你是有所帮助的。一般而言，攻击性的沟通者都具有三个特点：对控制权的过度需求；力求正确的需求；力求胜利的需求。了解了这些，当你与攻击性的沟通者相处时，就知道应该做什么、不应该做什么。

你与他人沟通的目标是：减少沟通的攻击性带来的紧张程度，同时把讨论引向富有喜人成果的方向上。为了实现这个目标，充分使用你的人际沟通技巧，保持你稳定的情绪，可以参考下面的几条原则：

（1）保持冷静。理智地从攻击性的沟通中撤退出来，要认识到这并不是针对你个人，而是针对发生的事情。

（2）先让对方发泄，在对方说话时不要打断并妄加评论，攻击性的沟通者就像上了发条一样，在你让对方放出怒气之后，对方的攻击性就会逐渐减弱。不要试图通过语言来解除他们的愤怒，你说得越多，他们就越感觉到你在试图控制他们。

（3）对情势的认同，像这样说，比如“我能够理解那将是多么令人沮丧”或者“发生这一切真是不幸”表达出你的同情。

（4）做出“安全”的反应，提早说一些简短的话语，比如“告诉我具体情况是怎样的”、“让我知道一些更多的细节”或者“继续说下去”。这些反应都是很安全的，因为它们不会引起对方更进一步的攻击。因为攻击性的沟通者说话的时间越长，他们就越有可能逐渐减弱攻击性的气势；他们说得越多，你就越能观察到事情的本质所在。

（5）集中在问题的核心上。攻击性沟通者的作用力非常强，以至于很容易让人卷入其中受到控制或者被他们的行为分散注意力。他们试图要戴上叫嚣者的面具。因此需要仔细聆听以确定他们的想法究竟是什么。

处理这类问题时，了解手下员工的工作习惯非常有用。你的员工安排他的工作时间和工作量是否得当？他是不是经常临时抱佛脚？还是……了解这一切都有助于你决定作何反应。

（6）问一些关于“什么”和“怎样”的问题。“你认为我应该怎样做？”和“你觉得我应该怎样处理这个问题？”这样的问题表明你在征询他们的意见，同时也让攻击性的沟通者们获得一种控制感，这样有利于稳定他们的情绪。

（7）使用一些建议性的表达，像这样说，“如果……那么……”这种表达提供了这样的信息：如果你让我说下去，你也会有所收获的。换句话说，你应该让攻击性的沟通者知道他们会获得一些控制权。

上述是一些面对富有攻击性的人所采取的方法，恰当地运用，就有可能打消对方攻击性的念头，使沟通有效地进行下去。

目标策略，打破沟通樊篱的绝技

为了使团队成员能理解企业的战略和目标，并将之贯彻到自己的行动中，领导者就必须学会与员工全面地沟通，必须使员工认同企业的战略、目标和决策。

即使最基层的员工，都能了解公司的战略意图，都能清晰地表达出企业对消费者利益的重视，这样的企业使员工以主人翁的精神参与到企业管理中来，自然能赢得市场，获得长远发展。可见，目标策略大大强化了组织高层和基层的沟通，从而有效地贯彻组织战略和目标。

目标策略还可以促使组织内部不同部门之间的沟通合作。传统企业的各个部门之间相互条块分割，彼此联系较少、沟通有限，这就会造成企业总目标在执行过程中形成不同的执行方案，部门与部门之间的协调不充分，从而影响企业整体绩效的实现。通过目标策略，加强跨部门沟通，从而打破部门樊篱，使企业内部能够充分协调合作。

飞利浦是欧洲最大的电器设备生产商，全世界每 7 台电视机中就有 1 台装的是飞利浦的显像管。但是在占据整个公司销售额 1/3 的家电部门却效益很低。2001 年新上任的总裁杰拉尔德声称，在未来的 3 年里，飞利浦的家电部门要么盈利，要么就关门！这个目标计划并没有人相信。

杰拉尔德也没有采取极端的措施，而是各部门以这一目标为中心展开一场“战略性交谈活动”。他认为应树立员工们的信心，通过目标策略增加沟通的有效性。从而实现跨部门的合作。因为他上任后发现，公司被条块化地分成了6个业务部门，它们之间很少或者完全没有沟通。

他的第一个动作是根据总目标确定了4个关键性的主题，这些主题描绘了飞利浦可能取得成功的技术前景，它们包括显示器、存储器、连通性和数字视频程序。这样一来，这些主题使得不同技术部门之间的边界变得模糊。要取得成功，这些部门就必须进行全新的、直接的深入对话。

杰拉尔德开始战略性交谈的方法是聚集所有对该主题做出贡献的人，不管其职位的高低，一起参加一次为期一天的峰会，让与会者交流看法、讨论方案并且最终针对不同的重要项目制定策略和方针。这一会议促使目标变得非常清晰，并且促成了在不同部门之间进行更好的合作。

战略性交谈很快显示出效率，一个显著的例子就是在DVD市场上取得成功。当管理层确信在光学存储器上的成功就意味着会在DVD市场上取得成功后，一个囊括了来自飞利浦公司的半导体部门、配件部门以及家电等部门的人员的项目团队开始行动了，他们改写了DVD的新标准，并在2003年抢占了美国DVD市场60%的份额。

为什么在此之前飞利浦公司最重要的盈利部门却不能产生效益，

其根本原因就在于，各个部门各自为政、互相扯皮，彼此间缺少共同的目标，不能实现有效的合作。杰拉尔德通过设定企业未来3年的发展目标，进而确定战略性交谈，通过全面沟通，使跨部门合作成为可能，进而大大提高企业效益。可见，目标策略有利于企业增强组织内部跨部门沟通合作，从而有利于全面提高企业的业绩。

目标策略使员工可以参与到管理过程中来，不仅使组织内纵向的上下级沟通增加了有效性，而且还使横向的部门更加密切协作。所以说，目标策略是促进良好的组织沟通的助推器。

多提问，建立开放的沟通机制

“抱怨是一件积压已久的事，如果每星期、每天都有与老板平等对话的机会，任何潜在的不满和抱怨还没有来得及充分积蓄就都因此而被扼杀在摇篮里了。”一位哲人说，当拥有众多细流时，才能汇聚成海。企业管理亦是如此，建立开放的沟通机制，当管理信息和员工反馈变得异常简单时，企业才能真正获得信任和凝聚力。

作为领导，在与员工交流时，要注意多问些问题。优秀的领导者往往是喜欢更多地提出问题，而且更注意倾听问题的答案。但是，需要注意的是，一定要注意询问的方式。

“你擅长你的工作吗？”

“是的，擅长。”

谈话结束了。这是一个封闭式的问题，因为可能的答案只有“是”或“不是”，或其他简单的补充说明。

请看另一个例子：

“难道你不认为定期开小组会议是一个好主意吗？”

“是的，当然是个好主意。”

同样，这个问题也没有过多可回答的，因为这是包含着赞同意见的引导性提问。这种问题不过是一种假意的提问。所以，希望有效影响别人时，还需要掌握一门技巧，那就是知道提出什么样的问题、什么时候提出。一般来说，提问有两种方式：除了上述封闭式的提问，还有一种开放式的提问。

特别注意的是，开放式问题是所有问题中最有效的。当你想启发别人表述自己的观点以便能够更清楚地了解别人的时候，提这种问题是非常有效的。这种问题与倾听的技巧紧密相连。作为施加影响的一方，如果你能启发别人讲话，这会比你自己讲话更有用。

开放式问题鼓励每一个人讲话，因为这些问题都不能用简单的“是”或“不是”来回答。开放式问题通常包括这些字眼：“什么”“哪里”“如何”“什么时候”“告诉我”，等等。

每个企业都应该建立开放的沟通机制。这样做会使来自管理层和来自员工的信息可以经过不同渠道，采用不同方式集中地传递给对方，各自通过积极地反馈来促进对这些信息的理解，使双方都能真正理解彼此意图，从而尽可能避免采取单一沟通渠道而造成的信息失真、引起不必要的误会，使得公司上下相协调，最终达到完成任务的目的。

要想与员工进行有效的沟通，弄清和解决问题之前必须善于提出问题，以便引导说清全部问题，引导其换个角度想，自我解决问题或者找出关键，便于最后解决问题。在提出问题时，领导者往往要注意以下几点：

（1）要提出引导性问题，引起下属思考的问题，与下属意见紧密联系的问题。不要提表达自己不同观点的问题。

（2）要多用一般疑问句，少用反问疑问句。

（3）提问要在下属的话告一段落时，事先征询：“对不起，我提个问题好吗？”要尽量使用商量的语气。

沟通不良往往来自于简单地问和简单地答。后者是对前者的回应，问的简单自然是回答简单。这不利于领导者收集信息。要想多了解，实现充分沟通，领导者一定要多问、善问。

采用对方熟悉的话语，沟通更有效

管理大师德鲁克说：“当我们对木匠说话时，我们需要使用木匠的行话。”言外之意，领导者要想取得高品质沟通，就需要使用对方易于接受的、熟悉的语言。“你必须以对方的语言来说话。如果你对双方都有所了解，才会沟通顺利。”德国著名剧作家华格纳说：“除了留心你的声音听起来如何，还要注意你所使用的字眼。如果你是个大量使用词语的人，要当心并非每一个人都听得懂，而且可能很多人会觉得枯燥无味——即使他们同意你所说的主题。”

田中是一家日资企业的雇员，被派到中国分公司担任制造部门经理。他一上任就对制造部门进行改造。但很快他就发现现场的数据很难及时反馈上来，于是决定从生产报表上开始强化。借鉴日本母公司的经验，他设计了一份非常完美的生产报表。报表发下去后，每天早上，工人们将各项生产数据填好后将报表汇总给田中。他很高兴，认为他拿到了生产的第一手数据。但是没过几天，出现了一次大的品质事故，但这次事故居然在报表上没有丝毫征兆，经过调查，他发现报表的数据都是工人随意填上去的。

为了强化对报表的重视，田中多次找工人开会强调认真填写报表的重要性，但每次开会的作用都不大，在刚开始的几天可以起到一定的效果，但过不了几天又回到了原来的状态。田中怎么也想不通。后来，他的一位中国朋友让他换位思考一下：假如你是工人，你会认真填写吗？

田中的苦恼是很多企业的领导者一个普遍的烦恼。现场的操作工人，很难理解他这样做的目的，因为数据分析距离他们太遥远了。大多数工人只知道好好干活，拿工资养家糊口。不同的人，他们所站的高度不一样，单纯开会强调，是没有效果的。后来，田中将生产报表与业绩奖金挂钩，并要求干部经常检查，工人们才知道认真填写报表是与切身利益有关系的，才重视起来。

同样一件事，只是做了一个小小的改变—与对方的利益联系起来，事情就得到了圆满的解决。这就像我们在和别人沟通时使用别人的语言一样，我们用对方不熟悉的语言与其进行交流，对方反应迟缓，而当我们开始使用对方常用的术语时，对方立即就会对我们的观点进行回应。

拜访过罗斯福的人，没有一个不对他广博的见闻佩服得五体投地的。一位拜访过他的人曾说："不论来访的是如何勇敢的骑兵队员，还是政治家、外交官，罗斯福都能谈起适合对方身份的话题，彼此的交谈都十分愉快。"他为什么能这样做呢？原因很简单，罗斯福知道有人来访时，就会在前一天晚上查阅有关当事人的资料，所以不论来访者是大人物还是小市民，会谈时双方都能拥有共同的话题。

使用对方的语言进行沟通，容易与对方达成共识。当领导者用对方常用的语言进行沟通时，对方会感到亲切和真诚，更愿意将领导者看成是替自己考虑的人，从而将胸怀敞开，使沟通进入畅通阶段。相反，如果领导者对着木匠说着泥工的话，也许一开口，就会遭到对方内心的抵触。

掌握让人欣然接受的批评沟通技巧

在沟通过程中，批评是一种经常使用的沟通方式，如何做到在批评他人的同时不伤害双方之间的关系，同时还让人欣然接受呢？

美国内战期间，约瑟夫·胡克将军毛遂自荐，当上了北方联邦军队的一个重要指挥官。但是，随着时间的推移，人们发现，胡克将军不是合适的人选，于是，林肯总统写了任总统期间的最尖锐的一封信，批评胡克的短处，使他发挥长处，共同促进事业的成功。

林肯是这样批评胡克将军的："我任命了你为波托马克军团司令。当然，我做出此决定是有充分理由的。然而，我想最好还是让你知道有几件事我对你并不是很满意的。

"我相信你是一个英勇善战的战士。为此，我当然是赞赏的。我也相信你没有把政治和你的职业混淆起来，这一点你是对的。你对自己充满信心，这即使不是必不可少的品质，也是可贵的品质。

"你有雄心，在一定的范围内，这一点是有利而无弊的。但是我认为，在伯恩赛德将军指挥兵团时，你放任自己的雄心，尽你之所能阻挠他。在这一点上，你对国家，对一位最有功劳的、可尊敬的兄弟军官犯下了极大的错误。

“我听说，并且我也相信，你最近说我们的军队和我们国家需要一个有绝对权威的统治者。当然不是因为此，而正是不顾此我才给你下达命令。

“只有取得战功的将军才能做有绝对权威的统治者。我现在需要你取得军事上的成功，而我将承担独裁的风险。

“政府将一如既往尽全力支持你，并支持所有司令官。我非常担心你曾助长军队里的批评和不信任司令官的风气，现在正冲着你来了。我将尽全力协助你刹住这种风气。

“无论是你还是拿破仑—如果他在世的话—都不会在这种风气盛行的军队里得到好结果，而目前要防止急躁。但是要干劲十足，戒备不懈，勇往直前，为我们夺取最后的胜利。”

林肯在这封信中淋漓尽致地表现了他高超的批评技巧。他并没有直截了当地说胡克的错误如何如何，而是首先给他一颗“定心丸”——“当然，我作出决定是有充分理由的。”

任何团队，当员工犯下不可原谅的错误时，领导者不可避免地要对其加以批评。然而批评不等于简单的斥骂，和表扬下属一样，也要讲究方法和技巧。

1. 有的放矢

在批评下属之前，我们首先要弄清四个问题：

一是对方能否接受批评。他可能正处于困难时期，极其脆弱。如果你想和他谈一些麻烦事，得先想想现在是不是时候。

二是批评方式是否恰当。自己是不是正在重复以前批评的内容或方式？如果你是受批评者，面对上司不断重复的批评内容和方式将做何想？你现在要注意了解的不是下属犯的错误，而是为什么他在受到这么多批评以后仍无改进。是不是还有别的什么该做而没有做的事情呢？

三是是否考虑了下属的心情。提出严厉批评的时候，必须了解对方的心情。他可能正感到彻底绝望，难以继续工作，而需要从你这里得到证实，证实他不是被当作不合格的人来看待，而只是某件事上出了差错。这时，你要告诉他，在另外一些事上你觉得他干得很好。批评必须要以表扬作为缓冲。

四是出现的问题是否属于领导者的责任。领导者有时可能会感到来自雇员的威胁，感到自己不受欢迎，莫名其妙地想惩罚他们。想要批评下属之前不要根据自己的情绪，而要根据实实在在的原因做出反应。

2. 巧用时间差

当下属犯了错误或造成失误时，当然要追究责任，要批评、处分，甚至撤职。但在事情和责任没有搞清楚之前，千万不要急于处理。如果处理错了或重了，伤了感情，事情就很难挽回了。假如你没有进行处理，那么主动权就掌握在你的手里，如果你处理得好，不仅不会伤害下属的感情，反而会赢得下属的心，使其成为你的忠实员工。

3. 保护下属的自尊心

“人要脸，树要皮。”一个人如果没有自尊，那便无药可救了。没有自尊的人有两种情况：一种是自己失去的，一种是被人给毁掉的。对前一种人，领导者可做的努力或许很少，而后一种情况，领导者要千万注意。不少人的自尊心恰恰是被领导者给毁掉的。

的确，在我们一起工作的同事中总有几个工作能力差的人，于是大家都想将其调走，但又没有地方肯接纳他。事实上，即使是在工作中被视为无用的人，也有他自己的长处。他或许看似低能，却在某一方面潜藏着特长；也许他很笨拙，却也因此比别人更勤奋努力。偌大个单位，总有适合他的工作，而不应对他报嫌弃的态度。

自尊心是应该受到保护的。不伤害别人的自尊心，不仅是尊重别人的人格，而且对搞好企业大有好处。人有了自尊心，才会求上进；有上进心，才会努力工作。凡是自尊心强的人，不论在什么岗位上，都会尽自己的努力而不甘落后于人。明智的领导者要保护下属的自尊心，特别是在批评下属时，要想方设法保护下属的自尊心。比如，注重礼貌，让他们充分体会到自己与上级在人格上是平等的；或使用适当的褒奖，让他们有荣誉感，等等。

4. 秘密进行批评

有的领导喜欢在众人面前斥责下属，是想以此来把责任转移到下属身上，好让上级、客户或其他下属知道，这不是他的错，而是某个下属办事不力。这种做法是非常幼稚的。出现错误的时候，如果领导确实不十分知情，则应该把有关人员找来，把问题问清楚，然后让下属回去继续工作。领导应该负起责任、处理问题。等上司或客户走了，有必要纠正、责备时再严格执行。

5. 适可而止

有些领导喜欢大声斥责犯错的下属，你越是认错，他咆哮得越是厉害。他的心里是这样想的：“我说的话，你不放在心上，出了事你倒来认错，不行，我不能放过你。”或者：“我说你不对，你还不认错，现在认错也晚了！”

这场谈话的结果是什么呢？一种可能，是被骂之人垂头丧气，假若是女性的话，还可能号啕大哭而去；另一种可能，则是被责备之人忍无可忍，勃然大怒，重新“翻案”，大闹一场而去。这时候，挨骂下属的心情基本上都是一样的，就是认为：“我已经认了错，你还抓住我不放，实在太过分了。在这种领导手下，叫人怎么过得下去？”性格比较怯懦的人，则会因此丧失了信心，刚强的便会发起怒来。

即使是第一千次犯错误的下属，也会找到理由为自己所犯的错误做解释、为自己辩护。下属有能力自我反省，在挨批评之前就认错，实在是已经很不错了。当下属说“我错了”，而当领导的还不能原谅他，那实在不能说是个高明的领导。

6. 一次解决一个问题

一次谈论多个问题，会伤害员工的感情，他们会以为你是有计划、有目的地在打击他们，而且他们还可能不知道你最关注的到底是哪个问题，不知道该从哪里着手解决。

7. 对事不对人

把焦点转向当事者的人格特质不但于事无补，有时反而造成更难收拾的残局。此时，不妨让对方提出解决之道。提出解决办法的人，通常会比较努力去实施。另外，在批评时，绝不可随意对下属进行挖苦讽刺，否则，不但使整个谈话劳而无功，还可能给自己树敌。

8. 事后要安抚下属

领导在痛斥下属之后，当天晚上应立刻打电话给该下属，给予一番鼓励与安慰，那么遭受斥责的下属会心存感激地认为，领导虽然毫不留情地训了我一顿，但他实在是用心良苦。如此一来，下属对于被批评的内容更加牢记在心，会大大提高工作的自觉性。

一个聪明的、有能力的领导者，应该在下属出现失误时照旧信任他。这个时候只要真心实意地帮他改正错误，在他改错后仍然像以前那样信任他就足够了。

领导者能适时地利用一两句温馨的话语来鼓励他们，或在事后私下对其他下属表示："我是看他有前途，所以才舍得骂他。"如此，当被斥责的下属听了这话后，必会深深体会"爱之深，责之切"的道理，也会更加努力地为单位工作。

领导者在痛斥下属之后，一定不要忘记立即补上一句安慰或鼓励的话语。因为，任何人在遭受领导的斥责之后，必然垂头丧气，对自己的信心丧失殆尽，心中难免会想："我在这里是没有什么前途可言了！"如此所造成的结果必然是他们更加自暴自弃。

第十四章　培训：把团队做强，把事情做大

对员工的培训是最好的投资

曾经见过这样一个测试：河对岸鲜花盛开，四季如春，恍如天国，毛毛虫要去对岸生活，可是一条大河挡住了去路，毛毛虫怎样才能到达河对岸呢？答案是千奇百怪的：有的说游过去，有的说搭船过去，有的说趴在别人身上过去，有的说从地图上爬过去，还有的说落在树叶上飘过去……但是最美妙的答案是：变成蝴蝶飞过去。从一个小小的卵开始，毛毛虫经历多次的蜕皮，长大，然后成蛹，在某个风和日丽花香弥漫的日子，毛毛虫变成了美丽的蝴蝶，在众人的敬慕里，带着尊严与喜悦翩翩飞过大河，到达了鲜花盛开的彼岸。

毛毛虫可以跨越这条河，因为它实现了对自我的突破和超越，它已经不再是条毛毛虫，已经变成美丽的蝴蝶了。毛毛虫不能越过这条河，但是蝴蝶可以飞过这条河，突破与超越自我后，也就到达了成功的彼岸。在职场中，员工也会遇到毛毛虫一般的瓶颈，怎么突破？这就需要培训员工，他们遇到了难题，领导者要教他们一些应对之道。

在日本汽车企业里，当有新的工作需要时，一般是重新培训现有的员工，通过内部调节来满足需要。企业认为，对已具备本企业工作所需的软知识和软技能的员工进行培训，让其学习某项硬技能，比让一个具备某项硬技能的外来人重新学习和掌握本企业的软知识和软技能，将会更快、更合算。在日本企业中，外部招聘来的管理人员或专业人员，无论其能力多强，均需在企业工作相当长一段时间，才能熟悉企业内部的制度和体系，才有可能得到提拔。他们认为，只有将他们进行培训，他们才能彻底地融入到公司里去。

与日本汽车企业同样看重培训的惠普公司以“不仅用你，而且培养你”而著称。在惠普公司的理念中，员工培训被认为是投入产出比最高的投资。

惠普培训过程由“硬”到“软”，不断深化。先是从技术业务知识培训，然后逐步递升到对沟通技巧、文化、思维等方面的培训。这种培训思路体现出惠普在培养人才方面的一种哲理——打造全方位人才。惠普的领导者认为，拥有高素质人才，才是企业腾飞的基础。

员工进入惠普，一般要经历四个自我成长的阶段。第一个阶段是自我约束阶段，不做不该做的事，强化职业道德；然后进入第二阶段自我管理阶段，做好应该做的事——本职工作，加强专业技能；进入第三阶段，自我激励，不仅做好自己的工作，而且要思考如何为团队做出更大的贡献，思考的立足点需要从自己转移到整个团队；最后一个阶段是自我学习阶段，学海无涯，随时随地都能找到学习的机会。正是由于员工的不断成长，惠普在市场上才屹立不倒。

“欲致鱼者，先通谷；欲求鸟者，先树木。水积而鱼聚，木茂而鸟集。”企业要壮大人才队伍，必须舍得投入。十年树木，百年树人。

对员工进行培训，可以防止员工知识老化、能力退化、观念僵化，使员工不断更新观念，必将有效提高团队创新能力，培训是最好的投资，也是送给员工最好的礼物。

采用“水涨船高”式的人才培养方式

任何领导者都应该有培养继任者的计划和意识。培养合格的继任者，比实施一项新战略更重要。一个企业想要挣脱套在身上的桎梏，长期生存发展下去，领导者就要将更多的精力与智慧放在为企业培养更多能够创造财富的领导者上，并在企业内培养一种可供优秀经理人成长的健康文化。

麦当劳为了使优秀人才能早日得到晋升，设立了这样一种机制：无论管理人员多么有才华，工作多么出色，如果他没有预先培养自己的接班人，那么其在公司里的升迁将不被考虑。这一机制保证了麦当劳的管理人才不会出现青黄不接的情况，由于这关系到每个人的前途和声誉，所以每个人都会尽一切努力培养接班人，并保证为新来的员工提供成长的机会。这种育人机制正像马蝇一样，使马儿们欢快地奔跑起来了。

在花旗银行，一项人才培养计划时时注意了解全球大约一万名中层领导者的情况—他们的近况如何？他们需要提高哪些方面的能力？把他们换到什么部门才能使他们充分施展才能？花旗银行的人力资源主管拉里·菲利普斯称此项计划为该公司全球发展的“关键”。

井植薰在三洋公司采取的是“水涨船高”的人才培养方式。“水”就是公司的全体职工，首先要把“水位”提高，让全体职工都有一个提高能力的机会，这通过完善的培训来完成；“船”是浮在水面上的出色人才，“水”涨高了，“船”才能涨得更高。当有冒尖的人才出现时，立即将他聘任到更重要的岗位上去，这样选出来的干部比起“水落石出”中涌现出来的干部在能力、思想以及工作热情上都要更胜一筹。

不仅三洋公司，世界上任何成功的公司都验证了一个颠扑不破的真理：企业如果想取得理想的成绩，就必须让员工跟着自己一起发展。

稍懂棋道的人都明白，下棋时每落一子至少要看到后面的几步。同理，有远见、雄才大略的领导者在选举接班人也时常从大局出发，对有能力使企业基业长青的人才加强培训，及时将员工提升到企业高级管理层的候选人中，只有这样，企业才能赢得先机。

构建“红绿灯”系统，培训团队的规则意识

著名的航海家哥伦布在航行之前说过：“即使决定是错的，那我们也可以通过执行来把事情做对，而不是再回头讨论。”把事情做对，重要的是执行的过程。即使决策不够完善，只要能够高标准的执行，也能够把事情做对。那么如何推动团队的这种执行力？

培训员工，建立制度，树立起他们的规则意识。团队的执行，就跟开车行驶一样。当车上路的时候，为了节省时间和精力，有时就需要保持油量的供给；有时，为了安全起见，就需要平稳行驶，及时刹车。红绿灯是路上的提示和警告系统。告诉所有的人什么时候该刹车，什么

时候该踩油门。

只要在路口安装一个红绿灯并且实施监督，那么这条街道的交通状况就很容易变好，交通事故也会大大减少。同样，要让团队的执行井井有条，也必须为团队制定相应的“红绿灯系统”。

当时任青岛电冰箱厂厂长的张瑞敏走入厂房时，他的心被散沙一般的厂子刺痛了。那时，中国的改革开放刚刚开始，经济体制也处在转型期，像青岛电冰箱厂一样的集体企业，在失去了计划经济体制的庇佑之后，必须自寻出路。

工厂的环境非常差，不仅有着巨大的亏损，而且员工和企业之间没有任何的信任可言。甚至有的员工就在厂房中随地大小便，完全没有把厂子的兴衰放在心上。

张瑞敏敏锐地意识到改变这种现状，必须先制定有效的规则。他把原有的不合适的规章制度先搁置起来，重新制定了一个“十三条”。十三条的内容非常具体，甚至有“不准在车间大小便”、“不准在工作时间喝酒”之类的话。

这些规则在现在看来似乎都有一些可笑，但是对当时百废待兴的企业来说却有着重要的意义。在这些制度规则的规范之下，曾经那个毫无纪律可言的濒危小厂，开始了一段创造神奇的发展历程。

可以说，如果没有这“十三条”，也许中国就没有海尔这样一个响当当的国货品牌了！

这十三条就是为当时的海尔建立了一个“红绿灯系统”。没有红绿灯的交通状况不堪设想，很容易发生交通事故和危险。同样，没有规章制度的团队也非常危险，这会使团队置于危险之中，很有可能会因此而蒙受巨大的损失。

所以，团队领导者在培训员工时一定要把团队的制度讲清楚，条分缕析，让大家保持清晰的认识。

培养核心人物的忠诚度

依据“80/20”原理，在企业中，20%的人才创造了80%的效益。毫无疑问，这20%的人才是企业的核心人才。在产品、技术、渠道等要素趋于同质化的市场环境里，人才成为企业构造差异化竞争力的关键因素，而创造了企业80%效益的核心人才，更是成为企业竞争力的灵魂。甚至可以说，企业之间的竞争，归根结底取决于企业是否拥有、用好和留住核心人才。因此，加强对核心人才的管理，提高核心人才的忠诚度，成为中层领导的重要职能。

对企业而言，为核心人才提供必要的培训是必需的。对于核心人才来说，要维持、拓展自己的工作业绩，保持长久的竞争力，必须不断地充电。给予核心人才持续不断的充电机会，可以培育他们的忠诚度，同时也为核心人才跳槽设置了较高的机会成本，更为企业的可持续发展奠定基础。

核心人才一般都具有很强的自主性，工作中他们习惯于自我引导，而不愿意过多地受制于他人。核心人才具有过人才干，他们也有能力作出正确的决策。因此，给予核心人才一定的经费、人员、资源的支配权，让他们参与企业决策，为他们搭建一个宽广的平台，有助于提升他们的忠诚度和工作热情。

此外，提高核心人才的忠诚度，培养和谐宽松的人文环境也很重要。企业管理要提高亲和力，在布置任务时，切忌生硬地下命令；要做好协调沟通工作，建立良好的人际关系，通过谈心等方式将管理的触角延伸到员工的生活领域。避免核心人才之间的过度竞争。适度竞争很有必要，但要控制好竞争的度，防止核心人才间的内耗，出现“一山不容二虎”的局面；倡导核心人才之间的尊敬、团结与协作。

以文化塑造向心力

带十几个人的团队，靠一个团队领导的能力；带一百个人的团队，靠组织架构的能力；带两万人以上的团队，那就只能靠文化。

“如果你想让列车时速再快 10 公里，只需要加一加马力；若想使车速增加一倍，你就必须要更换铁轨了。资产重组可以一时提高公司的生产力，但若没有文化上的改变，就无法维持高生产力的发展。”这是杰克・韦尔奇的名言。

团队能否做大、做强，最重要的因素在于这个团队是否有凝聚力，是否有一种积极向上的、优秀的文化作支撑。

沃尔玛从一家不起眼的小店发展成为当今世界上最大的零售企业，必定有其独特的经营之道。约翰・科特在进行企业文化与企业业绩关系的研究中惊奇地发现，沃尔玛这家服务性公司在企业文化力量方面平均得分值排名第一，而与此同期的企业经营业绩增长指数排名也位居前列，排名第二。在众多成功因素当中，沃尔玛的文化和因其文化而聚集的团队起了首屈一指的作用。在美国管理界，沃尔玛被公认为是最具文化特色的公司之一，最适宜工作的公司之一。可以说，沃尔玛文化打造的团队是沃尔玛其他战略得以成功实施的肥沃土壤。

好的文化可以塑造团队向心力，所以在团队和文化的建设之中，好的态度和行为要大力提倡，同时坏的迹象和风气要坚决抵制。坏风气会在团队中形成一种病毒式传播，又快又剧烈的毁掉整个团队。“螃蟹效应”就是团队之中非常重要的“坏文化”。

螃蟹效应来源于人们在生活中的实践。许多钓过螃蟹的人都有这样的经验：把许多螃蟹放在竹篓里，不用盖盖子，螃蟹是爬不出来的。因为只要竹篓里有两只以上的螃蟹，就没有螃蟹能爬出竹楼。

当一只螃蟹爬到竹篓口的时候，其他的螃蟹都会用大钳子抓住它，直到把那只本来马上就能爬出去的螃蟹拖入娄底。然后就会有另外一只螃蟹踩着这只螃蟹继续向上爬。爬到洞口又被其它螃蟹拖下来。循环往复，最终没有一直螃蟹能够成功逃出竹篓。

人们就用“螃蟹效应”来形容一些不道德的职场行为。这种行为的具体体现是：团队成员目光短浅，没有大局观，只能看到自己的利益，忽视整个团队的利益。有了这种坏风气，团队就会在内斗中逐渐失前进的动力，失去生命力。这种现象，不但无法使得团队能够凝聚起来，产生超强合力，一致对外，还会增加团队的内耗，团队的潜力就在这样的环境之中，慢慢消失殆尽。所以，团队领导者在培训员工时，要把互助合作的团队文化加进来，懂得以文化凝聚人心。

第十五章　用人：物尽其用，人尽其才

合适的人在合适的位置才能放光芒

所有人都说千里马是马中极品，有一个农夫于是就花了几年积蓄在市场上买了一匹千里马，回到家中后却发现实在没有什么大事需要千里马去完成，便让它和一头驴子一起拉磨。千里马被囚禁在磨坊里拉磨，传出去很丢千里马一族的脸面，于是，每次拉磨时千里马总是很不老实地折腾一番。农夫很生气，就用鞭子使劲抽打它，没过几日，千里马就被活活地打死了。有了这次经验，农夫再也不买千里马了，为了和驴子搭配，他就又买回了一匹骡子。骡子和驴子很和谐，干起活来，搭配得很好，磨坊的效率很高。

有一天，农夫得了急病，需立即送到城里救治。家人拉出了骡子，骡子在磨坊里磨叽惯了，任凭农夫的家人使劲抽打它，它始终跑不快。抽打得急了，骡子就更加放慢了速度，最后索性在原地转起圈来了。家人无奈，只好迁就着骡子，晃晃悠悠地赶往城里。因此延误了治疗，农夫落下了后遗症。回来后，农夫一怒之下宰了骡子。

看完了这个故事，大家就会明白：农夫其实相当于企业的总经理，千里马、骡子、驴子是企业的员工。这里面，千里马最优秀，但是因为被放置在不合适的工作环境里，活活被折磨死。骡子本来也是很优秀的人才，和驴子搭配起来，能够为企业产生很高的经济效益。但是，却被抽调出拉马车，这本是千里马的长项—结果，骡子也死在它不适合的岗位上。

合适的人在合适的位置上才能发挥效用，现在很多领导者常感叹手下无人可用，其实他不明白：没有平庸的员工，只有平庸的管理。领导者需要人事相宜，因人而异，为不同类型的员工安排不同的工作。

放手让经验丰富的“上将型”员工独立做一些具有挑战性的工作。这类员工经验丰富，能力卓越，领导者可以尽管放手让他们完成工作。同时，因为这类员工具有很强的能力，他们往往自视较高，所以应给予这类员工充分发挥的余地和空间，让他们感到被重视，获得自我价值的实现。

为具有一定经验的“良卒型”员工安排较有决策力的工作。应不时监察他们的工作进度，但要顾及他们较强的敏感心理，不露痕迹地进行监察。领导者应重视鼓励表扬和期待的力量，要对“良卒型”员工进行正面的促进，尽量少用或不用负面的批评、惩戒。

为没有经验的“健马型”员工提供学习机会。这类员工常常是刚入公司的年轻人，他们在公司中不占少数。作为一名领导者，切不可忽视这类员工的存在，因为他们中间必将出现一批优秀人才，支撑起公司的未来，你要做的正是发掘这类员工，给他们机会，锻炼和提拔他们。缺乏经验不等于缺乏能力，应该帮助年轻员工树立信心，指导他们并对其行为做出适时的反应。

为“边角料型”员工提供特殊岗位。这类员工让领导者十分头疼，用之不济，弃之可惜。边角料型的员工常常少言寡语，不大合群，从来不主动找领导者谈话，对于公司来说，他们近乎于局外人，但是当公司面临紧急任务、特殊任务时，往往正是他们大显身手之时，这使他们成为应急求援的好对象。其实，这样的员工对于企业来说也是一笔财富。高明的领导者能通过有效的管理让这类员工充分展现自己的特殊才能。古代所谓孟尝君盛待鸡鸣狗盗之徒，就与这种管理理念有共通之处。

总的来说，在一个企业里没有石头般的员工，有的全是金子似的人才。而如何让这些金子发出耀眼的光芒，主要是看领导者把这块金子放在什么位置。只有把合适的人才放在合适的位置，这些人才才能散发出金子的光芒。

辨明成员角色，创建高效团队的基础

建立一个高效团体的第一步，是把合适的人才聚在一起以形成团队。如果我们能够识别各种团队角色，并且能够根据这些角色来匹配团队成员，我们就有了形成具有巨大成效的团队的基础。这种成功将会远远大于所有团队成员独自工作的努力之和，不论他们每个人多么有天赋。

再进一步说，如果每一个人拥有一种角色，这种角色既适合于他们的技能，又与他们的个性相吻合，那么他们就会感到他们正在做着更大的贡献。他们将会得到更多的认可和赏识。由于人们是在将他们自己独特的贡献予以价值化，而不是与其他团队成员为角色而竞争，团队中就会有更少的对峙与冲突。事实上，这些就是有助于在团队中形成更多激励、更旺盛士气的因素。换句话说，一旦我们建立了一个强大的人人都有其角色的团队，有关团队的其他工作也会变得更加容易。

每个团队都希望自己的团队内角色分配清晰、合理，但是当团队人员配备不平衡时，将怎么办呢？那么，团队不妨借助下列方法进行解决：

第一个办法就是改组。这听起来有点戏剧性，但是两个或多个团队成员互换工作或大量互换工作却可能是个好主意，这样能使他们去扮演他们能做得更好的角色。

第二个办法是增加团队功能的灵活性。找出每个团队成员喜欢什么任务、什么任务做得好，然后区分这些任务。这与整个职责领域的交换有所不同。团队给这个人一些另一个人的工作，再将他的一些工作给另一个人，再将这另一个人的工作给其他一个人，依此类推。当然，团队需要谨防拿走他们都喜欢并且擅长的工作。

第三个办法是将相互冲突的团队成员隔离。团队可以将自己划分为更小的工作群体，使每个群体负责不同的项目或负责同一项目的不同阶段。如果团队不能将相互冲突的团队成员隔离开来，那么，当他们在一起开会或讨论时，都要确保当时有一个协调的人员。

第四个办法是与其他团队交换。也许本团队旁边恰好还有一个团队，这个团队或许正需要你团队中那个被认为不适合你团队的人。这种交换有可能使每个人都更高兴。

要将一个组合较差的团队转变为一个不断胜利的团队当然需要时

间，但上述这些措施会有助于加速这个过程。一旦团队辨明了每一个团队成员的团队角色，并且使他们工作于最合适的职能，那么就形成了建立高效团队的基础。

搭配好人才，1+1>2

搭配人才，是领导者的必修课。将各种各样的人才合理搭配，既能让每个人才各展所长，又能让组织结构务实高效，还能让整个团队更具有战斗力。有一个关于法国骑兵与马木留克骑兵作战的寓言，对企业管理很有启发意义。

骑术不精但纪律很强的法国兵与善于格斗但纪律涣散的马木留克兵作战，若分散而战，三个法国骑兵战不过两个马木留克骑兵；若百人相对，则势均力敌；而1000名法国骑兵必能击败1500名马木留克骑兵。原因在于，法兵在大规模协同作战时，发挥了协调作战的整体功能，使每个人的力量在与他人的搭配中产生了神奇的1+1>2的作用。

这个寓言说明的是领导者对于人才使用，要争取做到整个队伍的构成呈优化组合状态。所谓优化，绝不是最优秀人才的聚集，而是各类专业人才的汇总。通常来说，一个团队中要有这样一些人才：有高瞻远瞩、多谋善断、具有组织和领导才能的指挥型的；有善解人意、忠诚积极、埋头苦干的执行型的；有公道正派、铁面无私、心系群众的监督型的；有思想活跃、知识广博、善于分析的参谋型的……如果团队中全是同一种类型的人才，那肯定搞不好工作。只有合理地搭配人才队伍，才能做到人尽其才、各展所长，整个团队才更具战斗力。

李嘉诚就是一个精于搭建科学高效、结构合理的人才队伍的优秀领导者。在他组建的公司领导班子里，既有具有杰出金融头脑和非凡分析本领的财务专家，也有经营房地产的老手；既有生气勃勃、年轻有为的港人，也有作风严谨、善于谋断的洋人；既有公司内部的高参、助手和干将，又有企业外部的智囊、谋士和客卿。可以说，这个团队里既结合了老、中、青的优点，又兼备中西方的色彩，是一个行之有效的合作模式。

价值连城的钻石和普普通通的石墨，一个坚硬无比，一个柔软细腻，但两者的构成元素却是一样的。同为碳原子，仅仅因为排列的不同，就产生了截然相反的两种物质。同样，合理安排人才的组合方式，既能让每个人才超水平发挥作用，也会使整个人才队伍的能量成几何数增长。

一台发动机或者一辆汽车，甚至一架飞机，拆散了不过是一堆机械零件和螺丝钉，没有计划、没有组合地堆积在一起，只能算作一堆废铁。正因为组合得好，所以才价值不菲。用人如用药。老中医因为熟悉各种药材的药性，配药得当，常能取得奇妙的功效。同样，对于每个下属在能力、性格、爱好等方面的不同特点，领导者也要心中有数，这样才能将各种各样的人才合理搭配，使得个人和队伍都能够发挥出最佳的人才效益。

唐太宗就很注意合理搭配使用人才。他将手下个性迥异、能力有别的人才一个个都放在了适合的位置上，从而使得人才队伍构成合理、组织结构务实高效。房玄龄处理国事总是孜孜不倦，知道了就没有不办理的，于是唐太宗任用房玄龄为中书令。对于国家大事，房玄龄能提出许多精辟的见解和具体的办法来，但却不善于整理，很难决定颁布哪一条。杜如晦虽不善于想事，却善于对别人提出的意见做周密的分析，精于决断。于是唐太宗将他们俩搭配起来辅佐自己，从而形成了历史上著名的“房谋杜断”的人才结构。

此外，唐太宗任用敢于犯颜直谏的魏征为谏议大夫，任用文才武略兼备的李靖为刑部尚书兼检校中书令，都做到了人尽其才、才尽其用。房玄龄、魏征、李靖等人的合理搭配，既各得其所，尽展风采，又让大唐初期的这个管理层在历史上有口皆碑。

一加一等于二，这是尽人皆知的简单数理逻辑，可是用在人才使用的组合上却不一定。如果搭配得恰当，一加一不但等于二，很可能等于三、等于四，甚至一千、一万。可是，如果调配不当，一加一不但可能等于零，还可能得出负数来。所以，领导者不但要考虑到下属的才智和能力，还要特别重视人才搭配，要合理才行。

大材小用是浪费，小材大用也是浪费

《哈佛经济》杂志曾经报道，对全球 36 万人在 20 年中的职业生涯跟踪调查表明，成为精英员工很重要的一点是确保他们的能力、兴趣及性格与所从事的职业相匹配。也就是说，当员工的能力、兴趣与他所从事的职位相符，个人秉性也与公司的文化相符时，不仅员工的潜能获得最大激发，而且工作效率也会始终保持在一个高水平线上。

这个报道揭示了任务与员工能力要匹配的重要性。任务与员工能力不匹配，就会出现用人失误。历史上最著名的用人失误事件莫过于长平之战中赵国起用赵括。

公元前260年4月，秦派兵攻赵。赵国派廉颇为将抵抗。廉颇根据敌强己弱的形势，决定采取坚守营垒的战略。赵王以为秦国不可惧，应该主动出击，为此屡次责备廉颇。这时，秦国散布流言："秦国所痛恨、畏惧的，是马服君赵奢之子赵括。"赵王听信流言，便派赵括替代廉颇为将。赵括自大骄狂，在不明虚实的情况下，贸然进攻行动。结果中了秦军埋伏，大败，四十万赵军被秦国活埋。

在这个著名战役中，赵王不能知人善任，将关乎国家命运的大事交给只会纸上谈兵的赵括，险些丧国。与他相对应的是，秦王知道赵括最怕白起，果断启用，最终取得胜利。

全球华人企业顾问中心执行长、美国PDP大中华区策略合伙人、领导风格的研究专家陈生民曾分析说："事实上，每个人身上都有一组'能力密码'，这组密码是开启一个人潜能的钥匙，每个人都不一样。能够解读能力密码的人就等于拥有了知人知心的能力。"

如果任务与员工的能力不能实现完美匹配，那么一定会出现的现象是：大材小用，或者小材大用。假如出现小材大用，其造成的结果是员工不能胜任工作，而其他员工则不会服气；同样，如若出现大材小用，就会使员工认为自己怀才不遇而感到前途无望，他甚至会考虑离开。这里需要提醒的是，多数领导者最容易犯的错误是大材小用。企业为了谨慎起见，他们迟迟不敢起用员工，总是要"考查、考查、再考查"。

另外，将任务与员工的能力相匹配，领导者应该弄清楚员工的最佳状态。很多人都喜欢看篮球，篮球运动员在赛场上最美的动作就是一路冲破障碍，高高跳起，一投命中。投篮这个拼搏的姿势充满了生命的激情，又显示了成功者的风采。但是假如不用跳起，而像顺手把垃圾扔到纸篓里一样简单的话，运动员就会丧失激情；假如篮筐遥不可及，无论如何都投不进，也会让人气馁，放弃努力。

工作也是同理。有挑战性但通过努力又可以胜任的工作，最能激发人的潜能。事实上，没有人喜欢平庸，尤其对于那些风华正茂、干劲十足的员工来说，成功的满足感需要由富有挑战性的工作来满足，这种满足感比实际拿多少薪水有更强大的激励作用。因此，团队领导者应根据员工最佳状态时所表现出来的能力来安排工作，既能保证工作与能力的匹配，又能保证员工对于完成工作的激情。

与人的能力不断增长相比，企业内部的岗位要求是相对固定的。员工的工作能力是随着实践摸索、适应岗位、培训学习等手段不断增强的，所以，每个员工在某个岗位上都会经历磨合期、成长期、成熟期和饱和期。然而，水饱和了就再也放不进糖，人饱和了就很难吸取新知识。一般来说，在某个岗位处于饱和期的员工，就一定出现了能力高于岗位要求的不和谐现象。

所以，身为团队领导者，应该经常研究员工发展到哪个阶段了。对那些已经处在成熟期的员工，要适时让他们百尺竿头更进一步，给他们分配一个能力要求更高的岗位，或难度更大的工作，以避免他们进入饱和期，造成人才的浪费。

短中蕴长，短中见长

唐朝大臣韩晃有一次在家中接待一位前来求职的年轻人。此人在韩晃面前表现得不善言谈，不懂世故，脾气古怪。介绍人在一旁很是着急，认为肯定无录用希望，不料韩晃留下了这位年轻人。韩晃从这位年轻人不通人情世故的短处之中，看到了他铁面无私、耿直不阿的长处，于是任命他为“监库门”。年轻人上任以后，恪尽职守，库亏之事极少发生。

清代有位将军叫杨时斋，他认为军营中没有无用之人。聋子，可被安排在左右当侍者，可避免泄露重要军事机密；哑巴，可派他传递密信，一旦被敌人抓住，除了搜去密信，也问不出更多的东西；瘸子，宜命令他去守护炮台，可使他坚守阵地，很难弃阵而逃；瞎子，听觉特别好，可命他战前伏在阵前听敌军的动静，担负侦察任务。

韩晃、杨时斋的用人故事说明短中蕴长的道理。在现代社会中善于用人之短的领导也大有人在。用人只要得当，扬长避短，偏才们又何尝不能起到全才的作用呢！

对于人才的标准，领导都能达成共识。比如说，工作主动积极，具有远大的志向，具有创新精神，具有顽强的工作作风。但是，在真正选择人才时，领导很快发现，人的个性是千差万别的，这些美好的品质很难集中在一个人身上。有人具有工作所需要的某种优点的同时，也存在着一定的缺点，这使领导感到很为难。

人的成长受多种因素的影响和制约，必然有优点也有缺点，从一定意义上说，一个人如果没有缺点，也就没有优点。古代有一首歌谣唱道："骏马能历险，犁田不如牛；坚车能载重，渡河不如舟。舍长以就短，智者是为谋；生才贵适用，慎勿多苛求。"

事实上完美的人才是没有的，也正是这一缺陷考验着每一位领导者在用人方面的才干：一个不合格的老板，只会用人之短，而不会用人之长；一个优秀的老板，则会用人之长，而不过分关注他人之短。

在企业全才难得，偏才易寻。企业领导不要把用人的目标局限在寻求全才上，而忽略了对偏才的使用和改造。其实，偏才的合理利用也能起到全才所不能起到的作用。一般说来，偏才有着鲜明的偏执方向：有的偏于言，有的偏于行，有的偏于谋，有的偏于干，等等，不一而足。

用人之长、容人之短，是企业选人用人的一个重要原则。唐代陆贽说："若录长补短，则天下无有不用之人；责短舍长，则天下无不弃之士。"刘邦出身低微，文才武略平平，却能灭秦挫项，一统天下，原因何在？他说："夫运筹于帷幄之中，决胜于千里之外，吾不如子房。镇国家，抚百姓，给馈饷，不绝粮道，吾不如萧何。连百万之军，战必胜，攻必取，吾不如韩信。此三者，皆人杰也，吾能用之，此吾所以取天下也。"

萧何等三人都不是通才或全才，也都有这样那样的缺点，刘邦的高明之处在于用其所长，容其所短，让三人的长处互为补充，从而形成一种合力，最终夺取了天下。

实际上，长处和短处之间并没有绝对的界限，许多短处之中蕴藏着长处。如有人固执、不随和，但他必然是有主见、不会随波逐流的人；有人办事缓慢、不灵活，但他往往是有条有理、踏实细致的人；有人性格孤傲、我行我素，但他可能是个有创意的人。

人之长处固然值得发扬，而从人之短处中挖掘出长处，由善用人之长发展到善用人之短，这是用人艺术的精华所在。有些公司领导，让爱吹毛求疵、不讲情面的人去当产品质量监督员；让一些喜欢斤斤计较的人去参与财务管理；让爱道听途说、传播小道消息的人去当信息员；让性情急躁、争强好胜的人去搞销售……结果，变消极因素为积极因素，大家各尽其力，公司效益倍增。

一位教师已经41岁了，刚从外地回北京，一直没有找到对口单位。一家私营公司在众多应聘者中录取了他。与许多人相比，他回京后一直受失业困扰，如果录取他，他会很珍惜这次机会的。年龄大点，反而更踏实，如果录用个研究生说不定哪天就“飞”了。这个教师学历虽不高，但他吃过苦，有实践经验，进步不会慢。后来，他果然成为公司的业务骨干。

这位老师虽不是一流人才，当初选聘他的时候从年龄、能力各方面来看都不尽如人意，但一家私营公司却破格录取了他，最后还真成了公司骨干。

每个团队都有一些条件稍差的职员，领导者千万别把他们当累赘，合理应用，他们就是人才，就是企业的财富。应当提醒的是，领导要注意对偏才进行教育和改造，磨磨棱角，使他们更能适应单位的要求。其实，改造偏才的棱角如同择菜一样，要弃其短处，扬其长处。领导者的高明之处，就在于长中见短、短中见长，无论长与短都能合理地安排他们，使各类人才优缺互补，相互协作，加强企业的力量。

无功即是过，庸碌也是错

任何一个企业都要有一些在关键岗位的关键人物，他们都是公司内的能人，曾为企业的发展立下汗马功劳。但作为领导应该知道，每个人思想上都有一根发条，只有采取适当的方法，经常拧紧这根发条，才能确保每个人都劲头十足地工作。否则的话，公司就会经营不善。

作为一种保护性的生理本能，人是容易滋生惰性的。生活安逸了、舒适了，同类之间不存在竞争了，这时候一些人就会满足现状，不思进取，自动放慢前进的速度。因此有经验的领导者都懂得，必须从上任的第一天起，就让所有下属知道，不能有无过即功的观念。企业追求不断发展，大胆创新，而企业的人才无功即过。这是一条原则。

所谓无功即过原则，顾名思义，就是指在用人行为中，领导者本着鼓励良性竞争的精神，无情调整那些长期占据关键性岗位而没有突出表现的人。

无功即过原则，主要用来激励那些占据关键性岗位的人。确定这一适用范围，完全是根据现代管理的需要，以及领导者面对客观实际情况而作出的明智选择。从领导者所管辖的下属的工作表现来看，绝大多数下属恐怕都够不上有功的标准，他们通常处于能够完成本职工作、不捅娄子的中间状态，真正能够构成有功或有错的，只占极少数，或奖或惩，虽然对处于中间状态的人产生一定的激励作用，但由于这部分人在数量上占据着绝对优势，他们互相观望、互相攀比所产生的一种惰性，在很大程度上抵消了运用奖惩手段所产生的激励作用。为此，精明的领导者不得不想出更进一步的激励办法—从处于中间状态的这部分人中，极审慎地提选出少数占据着关键性岗位的人，对他们猛击一拳，催促他们快马加鞭，努力奋进。

这样做，不仅由于他们和其他无功人员都属于同类，能够对绝大多数人产生强烈的激励作用，而且由于他们大都是各个关键岗位上的人，对他们要求严格一些，大家也能理解，本人也能接受。此外领导的精力毕竟是有限的，不可能也不允许对绝大多数人进行过于细微的管理，他只要将少数人管理好，整个企业就会高速运转。

对于企业占据关键岗位的能人来说，一来他们占据的位置重要，影响较大；二来他们人数较少，素质较高，理应严格要求；三来有充足的补充人员，你不干自有很强的人来干，因而具有较强的竞争性。鉴于这些原因，领导者一定要用好无功即过原则，让他们清楚地认识到，公司不盈利，他们就没用。